शनि उपासना शास्त्र : व्रत कथा, शनि ग्रह के प्रभाव, लक्षण एवं लाल किताब उपाय सहित

पंडित सौरभ मिश्र

Made with ♥ on the Notion Press Platform
www.notionpress.com

आदरणीय माता जी और पिता जी के चरणों में सदर समर्पित

क्रम-सूची

प्रस्तावना

ज्योतिष के अनुसार कुल 9 ग्रह व्यक्ति के जीवन पर गहरा असर डालते हैं। इन सभी नौ ग्रहों में कुछ ग्रह व्यक्ति की कुंडली में शुभ फल देते हैं तो कुछ अशुभ। सभी नौ ग्रहों में शनि ग्रह को न्यायाधीश का दर्जा मिला हुआ है। शनि मकर और कुंभ राशि के स्वामी है। शनिदेव की अपने पिता सूर्यदेव से अच्छे संबंध नहीं है। ज्योतिष में शनिदेव कर्म के देवता माने गए हैं। शनि ग्रह अच्छे कर्म करने पर शुभ फल देते हैं ।

नौ ग्रहों में शनि एक महत्वपूर्ण और शक्तिशाली ग्रह है। सामान्य रूप से कुंडली में शनि का नाम लेते ही डर की स्थिति पैदा हो जाती है। शनि ढैय्या, साढ़ेसाती और पनौती जैसे शब्द और भी भयभीत करने वाले हैं, लेकिन वास्तव में ऐसा नहीं है। अनेक अनभिज्ञ या चतुर ज्योतिषी भी स्वयं के लाभ हेतु शनि देव के नाम से लोगों को डराते हैं। वहीं विज्ञान को मानने वाले लोग इस बात को पूरी तरह नकार देते हैं कि ग्रहों का हमारे जीवन पर कोई प्रभाव भी हो सकता है और वो अनेक बिना तथ्य के तर्क अपनी बातों को सत्य सिद्ध करने के लिए देते हैं, जैसे - ज्योतिषियों ने बिना किसी तकनीकी के इन ग्रहों का अध्ययन कैसे कर लिया - इत्यादि। किन्तु ये वही वैज्ञानिक हैं जो आज से कुछ वर्षों पहले तक योग तथा जैविक खाद तक का भी विरोध करते थे किन्तु आज उसका गुणगान करते नहीं थकते। आधुनिक वैज्ञानिकों की एक बहुत बड़ी समस्या यह है कि ये जिस बात को समझ नहीं पाते उसे अवैज्ञानिक करार देते हैं जो कि स्वयं में एक अवैज्ञानिक तरीका है। अगर ज्योतिष विज्ञान का मज़ाक बनाने वाले इन वैज्ञानिकों से पूछा जाए कि क्या इन्होने ज्योतिष विज्ञान का अध्ययन किया है और उसका अभ्यास किया है तो हम पाएंगे कि इनमे से किसी ने भी इसका अध्ययन नहीं किया है। न ही ये वैज्ञानिक इस बात का जवाब दे सकते हैं कि किस प्रकार प्राचीन मनीषियों को ये बात पता थी कि सूर्य मध्य में स्थित है और अन्य गृह उसके इर्द-गिर्द जबकि इनके विद्वानों को तो ये अभी कुछ वर्षों पहले ही पता चली । किस प्रकार भारत में हज़ारों वर्षों से सूर्य और चंद्रग्रहण की एकदम सटीक भविष्यवाणी की जाती रही है। आज यह भी प्रमाणित हो चुका है कि चाँद का इंसान के रक्तचाप और विचारों पर प्रभाव पड़ता है। समुद्र की लहरों पर भी चंद्र का प्रभाव पड़ता है। भारतीय ज्योतिष शास्त्र में हज़ारों वर्ष पूर्व ही बताया गया है कि पृथ्वी सात द्वीपों में बंटी हुई है।

फिलहाल जो वैज्ञानिक स्वयं की सेहत का ध्यान नहीं रख पाते उनकी बातों का क्या भरोसा करें। अनेको वैज्ञानिक जो विज्ञान में निपुण होने का दवा करते हैं, न जाने कितनी बिमारियों से ग्रसित रहते हैं। वजह ये है कि ये अपने अधूरे ज्ञान को संपूर्ण मान बैठे हैं और उसी को महिमंडित कर अन्य किसी ज्ञान को मानने को तैयार ही नहीं। यह सोच पश्चिम से आयी है जिसके मूल में स्वयं के प्रति एक प्रकार का घमंड और अन्य को मूर्ख और निकृष्ठ समझने की परम्परा है। हम सभी को पता है कि स्टेफेन हॉकिंग्स को किस तरह पूरा जीवन दयनीय स्तिथि में गुजारना पड़ा और आधुनिक विज्ञान उनकी कोई सहायता नहीं कर सका।

फिलहाल मैं यह नहीं कहना चाहता कि आधुनिक विज्ञान बेकार है किन्तु मैं ये कहना चाहता है कि आधुनिक विज्ञान की भी अपनी सीमाएं है। मैंने वैज्ञानिकों के बारे में ऊपर तीखे कटाक्ष इसलिए लिखे क्यूंकि किसी का भी मज़ाक उड़ाना सरल है किन्तु उस ज्ञान को हासिल करना अत्यंत कठिन है। स्टेफेन हॉकिंग्स एक अत्यंत सम्मानीय बुद्धिजीवी थे तथा विश्व को, मानव सभ्यता को उन्होंने बहुत कुछ दिया किन्तु फिर भी यदि आप सूक्ष्मता से देखें तो कुछ तो ऐसा रहा होगा कि इतने महान और असाधारण व्यक्ति को भी ऐसा जीवन जीना पड़ा।

ज्योतिष विज्ञान आंकड़ों (data) और विज्ञान का एक मिश्रण है। जिस प्रकार रसायन, गणित, जीवविज्ञान, मनोविज्ञान तथा खगोलविज्ञान इत्यादि विज्ञान के एक प्रकार हैं ठीक उसी प्रकार ज्योतिष भी एक विज्ञान है और अनेको लोगों को इसके द्वारा हुए लाभ इस बात का प्रमाण हैं कि यह सत्य और विज्ञान पर आधारित है।

अतैव हर एक व्यक्ति को इस ज्ञान का लाभ उठा अपने जीवन में महत्वपूर्ण परिवर्तन लाने का पूर्ण अधिकार है। अनेक महान ज्योतिष पहले से ही मानवता के इस कार्य को अपना जीवन समर्पित कर चुके हैं तथा हम सभी ऐसे विद्वानों को आज भलीभांति जानते हैं। अतः यह पुस्तक ऐसे सभी महान विद्वान ज्योतिषियों के चरणों में सादर समर्पित है और उनका आशीर्वाद अपेक्षित है। मेरा प्रयास उनके इस ज्ञान को हर व्यक्ति तक पहुँचाना है ताकि उनके मानव सेवा के इस महान आंदोलन में मैं भी कुछ योगदान दे सकूँ।

भूमिका

शनि को सन्तुलन और न्याय का ग्रह माना गया है। जो लोग अनुचित बातों के द्वारा अपनी चलाने की कोशिश करते हैं, जो बात समाज के हित में नही होती है और उसको मान्यता देने की कोशिश करते है, अहम के कारण अपनी ही बात को सबसे आगे रखते हैं, अनुचित विषमता, अथवा अस्वभाविक समता को आश्रय देते हैं, शनि उनको ही पीडित करता है। शनि हमसे कुपित न हो, उससे पहले ही हमे समझ लेना चाहिये, कि हम कहीं अन्याय तो नही कर रहे हैं, या अनावश्यक विषमता का साथ तो नही दे रहे हैं। यह तपकारक ग्रह है, अर्थात तप करने से शरीर परिपक्व होता है, शनि का रंग गहरा नीला होता है, शनि ग्रह से निरंतर गहरे नीले रंग की किरणें पृथ्वी पर गिरती रहती हैं। शरी में इस ग्रह का स्थान उदर और जंघाओं में है। सूर्य पुत्र शनि दुख दायक, शूद्र वर्ण, तामस प्रकृति, वात प्रकृति प्रधान तथा भाग्य हीन नीरस वस्तुओं पर अधिकार रखता है। शनि सीमा ग्रह कहलाता है, क्योंकि जहां पर सूर्य की सीमा समाप्त होती है, वहीं से शनि की सीमा शुरु हो जाती है। जगत में सच्चे और झूठे का भेद समझना, शनि का विशेष गुण है। यह ग्रह कष्टकारक तथा दुर्दैव लाने वाला है। विपत्ति, कष्ट, निर्धनता, देने के साथ साथ बहुत बडा गुरु तथा शिक्षक भी है, जब तक शनि की सीमा से प्राणी बाहर नही होता है, संसार में उन्नति सम्भव नही है। शनि जब तक जातक को पीडित करता है, तो चारों तरफ़ तबाही मचा देता है। जातक को कोई भी रास्ता चलने के लिये नही मिलता है। करोडपति को भी खाकपति बना देना इसकी सिफ़त है। अच्छे और

शुभ कर्मों बाले जातकों का उच्च होकर उनके भाग्य को बढाता है, जो भी धन या संपत्ति जातक कमाता है, उसे सदुपयोग मे लगाता है। गृहस्थ जीवन को सुचारु रूप से चलायेगा.साथ ही धर्म पर चलने की प्रेरणा देकर तपस्या और समाधि आदि की तरफ़ अग्रसर करता है। अगर कर्म निन्दनीय और क्रूर है, तो नीच का होकर भाग्य कितना ही जोडदार क्यों न हो हरण कर लेगा, महा कंगाली सामने लाकर खडी कर देगा, कंगाली देकर भी मरने भी नही देगा, शनि के विरोध मे जाते ही जातक का विवेक समाप्त हो जाता है। निर्णय लेने की शक्ति कम हो जाती है, प्रयास करने पर भी सभी कार्यों मे असफ़लता ही हाथ लगती है। स्वभाव मे चिडचिडापन आजाता है, नौकरी करने वालों का अधिकारियों और साथियों से झगडे, व्यापारियों को लम्बी आर्थिक हानि होने लगती है। विद्यार्थियों का पढने मे मन नही लगता है, बार बार अनुत्तीर्ण होने लगते हैं। जातक चाहने पर भी शुभ काम नही कर पाता है। दिमागी उन्माद के कारण उन कामों को कर बैठता है जिनसे करने के बाद केवल पछतावा ही हाथ लगता है। शरीर में वात रोग हो जाने के कारण शरीर फ़ूल जाता है, और हाथ पैर काम नही करते हैं, गुदा में मल के जमने से और जो खाया जाता है उसके सही रूप से नही पचने के कारण कडा मल बन जाने से गुदा मार्ग में मुलायम भाग में जख्म हो जाते हैं, और भगन्दर जैसे रोग पैदा हो जाते हैं। एकान्त वास रहने के कारण से सीलन और नमी के कारण गठिया जैसे रोग हो जाते हैं, हाथ पैर के जोडों मे वात की ठण्डक भर जाने से गांठों के रोग पैदा हो जाते हैं, शरीर के जोडों में सूजन आने से दर्द के मारे जातक को पग पग पर कठिनाई होती है। दिमागी सोचों के कारण लगातार नशों के खिंचाव के कारण स्नायु में दुर्बलता आजाती है। अधिक सोचने के कारण और घर परिवार के अन्दर क्लेश होने से विभिन्न प्रकार से नशे और मादक पदार्थ लेने की आदत पड जाती है, अधिकतर बीडी सिगरेट और तम्बाकू के सेवन से क्षय रोग हो जाता है, अधिकतर अधिक तामसी पदार्थ लेने से कैंसर जैसे रोग भी हो जाते हैं। पेट के अन्दर मल जमा रहने के कारण आंतों के अन्दर मल चिपक जाता है, और आंतो मे छाले होने से अल्सर जैसे रोग हो जाते हैं। शनि ऐसे रोगों को देकर जो दुष्ट कर्म जातक के द्वारा किये गये होते हैं, उन कर्मों का भुगतान करता है। जैसा जातक ने कर्म किया है उसका पूरा पूरा भुगतान करना ही शनिदेव का कार्य है। शनि की मणि नीलम है। प्राणी मात्र के शरीर में लोहे की मात्रा सब धातुओं से अधिक होती है, शरीर में लोहे की मात्रा कम होते ही उसका चलना फ़िरना दूभर हो जाता है। और शरीर में कितने ही रोग पैदा हो जाते हैं। इसलिये ही इसके लौह कम होने से पैदा हुए रोगों की औषधि खाने से भी फ़ायदा नही हो तो जातक को समझ लेना चाहिये कि शनि खराब चल रहा है। शनि मकर

तथा कुम्भ राशि का स्वामी है। इसका उच्च तुला राशि में और नीच मेष राशि में अनुभव किया जाता है। इसकी धातु लोहा, अनाज चना, और दालों में उडद की दाल मानी जाती है।

शनि की साढ़े साती

ज्योतिष के अनुसार शनि की साढेसाती की मान्यतायें तीन प्रकार से होती हैं, पहली लगन से दूसरी चन्द्र लगन या राशि से और तीसरी सूर्य लगन से, उत्तर भारत में चन्द्र लगन से शनि की साढे साती की गणना का विधान प्राचीन काल से चला आ रहा है। इस मान्यता के अनुसार जब शनिदेव चन्द्र राशि पर गोचर से अपना भ्रमण करते हैं तो साढेसाती मानी जाती है, इसका प्रभाव राशि में आने के तीस माह पहले से और तीस माह बाद तक अनुभव होता है। साढेसाती के दौरान शनि जातक के पिअले किये गये कर्मों का हिसाब उसी प्रकार से लेता है, जैसे एक घर के नौकर को पूरी जिम्मेदारी देने के बाद मालिक कुछ समय बाद हिसाब मांगता है, और हिसाब में भूल होने पर या गल्ती करने पर जिस प्रकार से सजा नौकर को दी जाती है उसी प्रकार से सजा शनि देव भी हर प्राणी को देते हैं। और यही नही जिन लोगों ने अच्छे कर्म किये होते हैं तो उनको साढेशाती पुरस्कार भी प्रदान करती है, जैसे नगर या ग्राम का या शहर का मुखिया बना दिया जाना आदि.शनि की साढेसाती के आख्यान अनेक लोगों के प्राप्त होते हैं, जैसे राजा विक्रमादित्य, राजा नल, राजा हरिश्चन्द्र, शनि की साढेसाती संत महात्माओं को भी प्रताडित करती है, जो जोग के साथ भोग को अपनाने लगते हैं। हर मनुष्य को तीस साल मे एक बार साढेसाती अवश्य आती है, यदि यह साढे साती धनु, मीन, मकर, कुम्भ राशि मे होती है, तो कम पीडाजनक होती है, यदि यह साढेसाती चौथे, छठे, आठवें, और बारहवें भाव में होगी, तो जातक को अवश्य दुखी करेगी, और तीनो सुख शारीरिक, मानसिक, और आर्थिक को हरण करेगी । शनि के इस समय का विचार पहले से कर लिया गया है तो धन की रक्षा हो जाती है। यदि सावधानी नही बरती गई तो मात्र पछतावा ही रह जाता है। अतः प्रत्येक मनुष्य को इस समय का शनि आरम्भ होने के पहले ही जप तप और जो विधान हम आगे बातायेंगे उनको कर लेना चाहिये. शनि देव के प्रकोप से बचने के लिए रावण ने उन्हें अपनी कैद में पैरों से बांध कर सर नीचे की तरफ किये हुए रखा था ताकि शनि की वक्र दृष्टि रावण पे न पड़े। आज भी कई हिन्दू जाने अनजाने रावण की भांति प्रतीकात्मक तौर पे शनि प्रतिरूप को दुकानों या वाहनों में पैरों से बांध कर उल्टा लटकाते हैं। हालांकि पौराणिक सुझाव श्री हनुमान की भक्ति करने का है, क्योकि शनि देव ने हनुमान जी को वरदान दिया था कि हनुमान भक्तों पर शनि की वक्र दृष्टि नहीं पड़ेगी।

शनिदेव परमकल्याणकर्ता न्यायाधीश और जीव का परमहितैषी ग्रह माने जाते हैं। ईश्वर पारायण प्राणी जो जन्म जन्मान्तर तपस्या करते हैं, तपस्या सफ़ल होने के समय अविद्या, माया से सम्मोहित होकर पतित हो जाते हैं, अर्थात तप पूर्ण नही कर पाते हैं, उन तपस्विओं की तपस्या को सफ़ल करने के लिये शनिदेव परम कृपालु होकर भावी जन्मों में पुनः तप करने की प्रेरणा देता है। द्रेष्काण कुन्डली मे जब शनि को चन्द्रमा देखता है, या चन्द्रमा शनि के द्वारा देखा जाता है, तो उच्च कोटि का संत बना देता है। और ऐसा व्यक्ति पारिवारिक मोह से विरक्त होकर कर महान संत बना कर बैराग्य देता है। शनि पूर्व जन्म के तप को पूर्ण करने के लिये प्राणी की समस्त मनोवृत्तियों को परमात्मा में लगाने के लिये मनुष्य को अन्त रहित भाव देकर उच्च स्तरीय महात्मा बना देता है। ताकि वर्तमान जन्म में उसकी तपस्या सफ़ल हो जावे, और वह परमानन्द का आनन्द लेकर प्रभु दर्शन का सौभाग्य प्राप्त कर सके.यह चन्द्रमा और शनि की उपासना से सुलभ हो पाता है। शनि तप करने की प्रेरणा देता है। और शनि उसके मन को परमात्मा में स्थित करता है। कारण शनि ही नवग्रहों में जातक के ज्ञान चक्षु खोलता है।

पावती (स्वीकृति)

यह पुस्तक ज्योतिष पर मेरी पुस्तकों की शृंखला में दूसरी है और मैं आभारी हूँ आप लोगों के असीम प्रेम, गुरुओं द्वारा दिए गए ज्ञान का और ईश्वर के आशीर्वाद का। इन पुस्तकों की सफलता, जिसका श्रेय आप लोगों के प्रेम और आशीर्वाद को जाता है, वही मेरी प्रेरणा का स्त्रोत है। ये सभी उपासना शास्त्र विभिन्न महान शास्त्रों एवं ज्योतिषियों के ज्ञान का एक संकलन है। इस पुस्तक में बताये गए तथ्य का मूल आधार वैदिक पुस्तकें, मुख्य रूप से लाल किताब है। इसके अतिरिक्त विभिन्न ज्योतिषियों के द्वारा बताई गयी बातों का निष्कर्ष भी है। इस पुस्तक को सरल भाषा में लिखने का प्रयास किया गया है तथा तथ्यों को भी जितना संभव हो सकता है सरल रूप से समझाया गया है।

ज्योतिष एक वृहद् शास्त्र है और वैज्ञानिक तथ्यों पर आधारित है; तथैव इसमें विभिन्न गणनाओं और सूत्रों का प्रयोग होता है। यही कारण है कि हमारे पंचांग और पंडित सूर्योदय, सूर्यास्त, ग्रहण इत्यादि की एकदम सटीक गणना कर देते हैं। और भविष्य के कई वर्षों तक की सटीक गणना पहले ही की जा चुकी है। मैं पहले भी कह चुका हूँ यह विज्ञान है अतैव आपको इसका पालन भी वैज्ञानिक दृष्टिकोण से पूर्ण आस्था रखते हुए करना होगा। आपको निश्चित ही सकारात्मक परिणाम मिलेंगे और यही बात ये प्रमाणित करती है कि यह एक विज्ञान है। ज्योतिष विज्ञान स्वयं को अनेकों बार प्रमाणित कर चुका है इतना तो कोई डॉक्टर या वैज्ञानिक भी अपने सिद्धांतों को हर बार सफलता से सिद्ध नहीं कर पाता। यही कारण हैं युगो प्राचीन इसके सिद्धांत और ज्ञान का आज भी उतना ही महत्त्व है जबकि आधुनिक विज्ञान के सिद्धांत अगली पीढ़ी के वैज्ञानिक ही गलत सिद्ध कर देते हैं। क्यूंकि ये विशुद्ध विज्ञान है, डेटा साइंस, गणित, मनोविज्ञान, जीवविज्ञान, खगोलविज्ञान और प्राकृतिक ज्ञान का एक अनोखा मिश्रण। इस ज्ञान का प्रयोग अपने जीवन को सुखी एवं सफल बनाने के लिए करें। ईश्वर सदैव आपके साथ है। याद रखें विचार और कर्मों की शुद्धता सबसे अधिक महत्वपूर्ण होती है और साथ ही विश्वास। यदि आपको खुद पर विश्वास नहीं तो आपको कोई सफल नहीं बना सकता।

अपने ईष्ट देव का स्मरण कर अपने जीवन को सफल बनाने के लिए परिश्रम करें, यह ज्योतिष ज्ञान आपका अवश्य साथ देगा और ईश्वर की अनुकम्पा अवश्य होगी।

1

शनिवार व्रत विधि

शनिवार का व्रत यूं तो आप वर्ष के किसी भी शनिवार के दिन शुरू कर सकते हैं परंतु श्रावण मास में शनिवार का व्रत प्रारम्भ करना अति मंगलकारी है । इस व्रत का पालन करने वाले को शनिवार के दिन प्रातः ब्रह्म मुहूर्त में स्नान करके शनिदेव की प्रतिमा की विधि सहित पूजन करनी चाहिए। शनि भक्तों को इस दिन शनि मंदिर में जाकर शनि देव को नीले लाजवन्ती का फूल, तिल, तेल, गुड़ अर्पण करना चाहिए। शनि देव के नाम से दीपोत्सर्ग करना चाहिए।

1. ब्रह्म मुहूर्त में उठकर नदी या कुएं के जल से स्नान करें।
2. तत्पश्चात पीपल के वृक्ष पर जल अर्पण करें।
3. लोहे से बनी शनि देवता की मूर्ति को पंचामृत से स्नान कराएं।
4. फिर इस मूर्ति को चावलों से बनाए चौबीस दल के कमल पर स्थापित करें।
5. इसके बाद काले तिल, फूल, धूप, काला वस्त्र व तेल आदि से पूजा करें।
6. पूजन के दौरान शनि के इन 10 नामों का उच्चारण करें- कोणस्थ, कृष्ण, पिप्पला, सौरि, यम, पिंगलो, रोद्रोतको, बभ्रु, मंद, शनैश्चर।
7. पूजन के बाद पीपल के वृक्ष के तने पर सूत के धागे से सात परिक्रमा करें।
8. भगवान् गणेश जी की उपासना करें।
9. इसके पश्चात निम्न मंत्र से शनि देव की प्रार्थना करें-

शनैश्चर नमस्तुभ्यं नमस्ते त्वथ राहवे।
केतवेअथ नमस्तुभ्यं सर्वशांतिप्रदो भव॥

9. हो सके तो शनि देव जी के किसी एक मंत्र का जाप अवश्य करें।
10. इसी तरह 7 शनिवार तक व्रत करते हुए शनि के प्रकोप से सुरक्षा के लिए शनि मंत्र की समिधाओं में, राहु की कुदृष्टि से सुरक्षा के लिए दूर्वा की समिधा में, केतु से सुरक्षा के लिए केतु मंत्र में कुशा की समिधा में, कृष्ण जौ, काले तिल से 108 आहुति प्रत्येक के लिए देनी चाहिए।
11. फिर अपनी क्षमतानुसार ब्राह्मणों को भोजन कराएं तथा लौह वस्तु, धन आदि का दान करें। इस तरह शनि देव का व्रत रखने से दुर्भाग्य को भी सौभाग्य में बदला जा सकता है तथा हर विपत्ति दूर होती है।
12. शनिवार के दिन शनिदेव की पूजा के पश्चात उनसे अपने अपराधों एवं जाने अनजाने जो भी आपसे पाप कर्म हुआ हो उसके लिए क्षमा याचना करनी चाहिए।शनि महाराज की पूजा के पश्चात राहु और केतु की पूजा भी करनी चाहिए। इस दिन शनि भक्तों को पीपल में जल देना चाहिए और पीपल में सूत्र बांधकर सात बार परिक्रमा करनी चाहिए। शनिवार के दिन भक्तों को शनि महाराज के नाम से व्रत रखना चाहिए।

शनि देव जी की उपासना में क्या करें क्या न करें:

1. शनिदेव की पूजा हमेशा सूर्योदय से पहले करें या सूर्यास्त के बाद करें।
2. शनिदेव की पूजा हमेशा साफ सुथरे कपड़े पहन कर और नहा धोकर ही करें
3. शनिदेव की पूजा पाठ में हमेशा सरसों के तेल या तिल के तेल का प्रयोग करें।
4. शनिदेव की पूजा हमेशा शांत मन से करें।
5. पूजा में काले या नीले रंग के आसन का इस्तेमाल करें।
6. हो सके तो शनि की पूजा पीपल के पेड़ के नीचे करें।
7. दिन में आकाश मंडल की ओर देखें। शनि मंत्रों का जाप करे।
8. शनिदेव से पीड़ित हैं तो सबसे बेहतर उपाय है कि भगवान शिव का पूजन करे। शनिदेव भगवान शिव को गुरु मानते है।
9. हनुमान जी की पूजा करें । उनके सामने सरसों या तिल के तेल का दीपक जलाएं।
10. शमी का पौधा अपने हाथों से लगाएं ।उसका पूजन करे।
11. व्रत कर रहे हैं तो शारीरिक संबंध ना बनाएं ।
12. झूठ न बोलें, किसी की बुराई या चुगली न करें ।
13. किसी को धोखा न दें ।

14. किसी का न तो बुरा करें न ही किसी के बारे में बुरा कहें या सोचें। याद रखें भगवन शनिदेव न्यायकर्ता हैं और आपके कर्मों के अनुसार ही आपको फल देते हैं। अतैव हर प्रकार के बुरे कर्मों से बचें और अच्छे कर्म करें।
15. रात में देर से न सोएं और सुबह समय से जागें।
16. आप किसी मजदूर को या जरूरतमंद को न सताएं ।
17. अपने माता पिता का आदर करें।
18. कभी किसी दूसरे का पैसा न हड़पें।
19. शनिवार को कभी नमक न खरीदें।
20. घर का निर्माण अर्थात नीव खोदने की शुरुआत शनिवार के दिन न करें।
21. नींव कभी भी सूर्यास्त के बाद न खुदवाएं।
22. शनिवार और मंगलवार को नाखून न काटें, बाल न कटवाएं, मांस मदिरा, अंडे इत्यादि का सेवन भी न करें।
23. कोई भी पुरुष अपने ससुराल कभी शनिवार को न जाए।
24. काले कपडे, काली मिर्च, बैंगन, उड़द, लोहे का सामान शनिवार को लेने से बचें।

2

श्री गणेश उपासना

(किसी भी देवी या देवता के पूजन से पूर्व भगवान श्री गणेश जी की पूजा करना श्रेष्ठकर होता है क्योंकि भगवन गणेश जी को हमारे शास्त्रों में विघ्नहर्ता कहा गया है, अतैव भगवान गणेश विघ्नहर्ता के रूप में हमारी पूजा में आने वाली बाधाओं को समाप्त कर हमारी पूजा को न केवल सफलता प्रदान करते हैं अपितु हमारे जीवन में आने वाली समस्त बाधाओं का भी हरण करते हैं। वैसे भी शास्त्रानुसार किसी भी देवता की पूजा करने से पहले भगवान् गणेश जी की पूजा करना आवश्यक है।)

१- वक्रतुण्ड महाकाय सूर्यकोटि समप्रभा।
निर्विघ्नं कुरु मे देव सर्वकार्येषु सर्वदा॥

अर्थ - घुमावदार सूंड वाले, विशाल शरीर काय, करोड़ सूर्य के समान महान प्रतिभाशाली। मेरे प्रभु, हमेशा मेरे सारे कार्य बिना विघ्न के पूरे करें (करने की कृपा करें)॥

२- विघ्नेश्वराय वरदाय सुरप्रियाय लम्बोदराय सकलाय जगद्धितायं।
नागाननाथ श्रुतियज्ञविभूषिताय गौरीसुताय गणनाथ नमो नमस्ते॥

अर्थ - विघ्नेश्वर, वर देनेवाले, देवताओं को प्रिय, लम्बोदर, कलाओंसे परिपूर्ण, जगत् का हित करनेवाले, गजके समान मुखवाले और वेद तथा यज्ञ से विभूषित पार्वतीपुत्र को नमस्कार है ; हे गणनाथ ! आपको नमस्कार है ।

<u>संकटनाशन स्तोत्र</u>

प्रणम्यं शिरसा देव गौरीपुत्रं विनायकम।
भक्तावासं: स्मरैनित्यंमायु:कामार्थसिद्धये।।1।।
प्रथमं वक्रतुंडंच एकदंतं द्वितीयकम।
तृतीयं कृष्णं पिङ्क्षं गजवक्त्रं चतुर्थकम।।2।।

लम्बोदरं पंचमं च षष्ठं विकटमेव च।
सप्तमं विघ्नराजेन्द्रं धूम्रवर्ण तथाष्टकम् ।।3।।
नवमं भालचन्द्रं च दशमं तु विनायकम।
एकादशं गणपतिं द्वादशं तु गजाननम।।4।।
द्वादशैतानि नामानि त्रिसंध्य यः पठेन्नरः।
न च विघ्नभयं तस्य सर्वासिद्धिकरं प्रभो।।5।।
विद्यार्थी लभते विद्यां धनार्थी लभते धनम्।
पुत्रार्थी लभते पुत्रान् मोक्षार्थी लभते गतिम् ।।6।।
जपेद्वगणपतिस्तोत्रं षड्भिर्मासैः फलं लभेत्।
संवत्सरेण सिद्धिं च लभते नात्र संशयः ।।7।।
अष्टभ्यो ब्राह्मणेभ्यश्च लिखित्वां यः समर्पयेत।
तस्य विद्या भवेत्सर्वा गणेशस्य प्रसादतः।।8।।

॥ इति श्रीनारदपुराणे संकष्टनाशनं गणेशस्तोत्रं सम्पूर्णम् ॥

3

मंत्र जाप

निम्न मंत्र से शनि देव की प्रार्थना करें-

शनैश्चर नमस्तुभ्यं नमस्ते त्वथ राहवे।

केतवेअथ नमस्तुभ्यं सर्वशांतिप्रदो भव॥

इसके पश्चात यदि संभव हो और आपके पास समय हो तो रूद्राक्ष की माला से इनमें से किसी एक मंत्र का पूर्ण श्रद्धा से जप करें।

श्री शनि वैदिक मंत्र

ॐ शन्नो देवी रभिष्टय आपो भवन्तु पीपतये शनयो रविस्र वन्तुनः।

(माना जाता है कि इस मंत्र का जप करने से शनि की साढ़ेसाती का बुरा असर खत्म हो जाता है। शनिदेव के इस मंत्र को श्री शनि वैदिक मंत्र कहा जाता है। इस मंत्र के जप से शनिदेव बेहत प्रसन्न् होते और इसका जप करना भी बेहद आसान है। इस मंत्र का 23000 हजार जप करने से साढ़ेसाती शनि का दुष्प्रभाव शांत हो जाता है।)

श्री शनि पौराणिक मंत्र

श्री नीलान्जन समाभासं ,रवि पुत्रं यमाग्रजम।

छाया मार्तण्ड सम्भूतं, तं नमामि शनैश्चरम ।।

(शनिदेव भगवान सूर्य के पुत्र हैं और इन्हें नौग्रहों का न्यायाधीश कहा जाता है। मनुष्य के अच्छे और बुरे कर्मों का फल भी शनिदेव देते हैं। शनिदेव को प्रसन्न करने के लिए इस मंत्र के जप के साथ शनिवार को शनिदेव पर तेल चढ़ाएं।)

श्री शनि बीज मंत्र

ॐ शं शनैश्चरायै नमः

ॐ प्रां प्रीं प्रौं सः शनैश्चराय नमः

(शनिवार को स्नान के बाद काले वस्त्र धारण करें और शनि मंदिर में जाकर शनिदेव की प्रतिमा के सामने आसन लगाकर इस मंत्र का जप करें। आप चाहें तो घर में भी इस मंत्र का जप कर सकते हैं।)

शनि गायत्री मंत्र

ॐ कृष्णांगाय विद्महे रविपुत्राय धीमहि तन्नः सौरिः प्रचोदयात।

(हर शनिवार की शाम को पीपल के पेड़ और शमी के पेड़ के नीचे सरसों के तेल का दीपक जलाएं। इससे आपकी शनिदशा कम होगी और आपको लाभ होगा।)

किसी भी मंत्र के 'इक्कीस' या 'एक सौ आठ बार' (जो भी आप श्रद्धापूर्वक आराम से कर सकें) के पश्चात मनोइच्छा को शनिदेव के सम्मुख मन ही मन बोलकर तथा उनसे विनती करते हुए कि शनिदेव जी आपकी इच्छा पूर्ण करें तथा आपके सभी कष्टों को दूर करें और आपके पापों को क्षमा करें, आप कथा पढ़ना शुरू करें।

4

शनिवार व्रत कथा

एक समय स्वर्गलोक में 'सबसे बड़ा कौन?' के प्रश्न पर नौ ग्रहों में वाद-विवाद हो गया। विवाद इतना बढ़ा कि परस्पर भयंकर युद्ध की स्थिति बन गई। निर्णय के लिए सभी देवता देवराज इंद्र के पास पहुंचे और बोले- 'हे देवराज! आपको निर्णय करना होगा कि हममें से सबसे बड़ा कौन है?' देवताओं का प्रश्न सुनकर देवराज इंद्र उलझन में पड़ गए।

इंद्र बोले- 'मैं इस प्रश्न का उत्तर देने में असमर्थ हूं। हम सभी पृथ्वीलोक में उज्जयिनी नगरी में राजा विक्रमादित्य के पास चलते हैं।

देवराज इंद्र सहित सभी ग्रह (देवता) उज्जयिनी नगरी पहुंचे। महल में पहुंचकर जब देवताओं ने उनसे अपना प्रश्न पूछा तो राजा विक्रमादित्य भी कुछ देर के लिए परेशान हो उठे क्योंकि सभी देवता अपनी-अपनी शक्तियों के कारण महान थे। किसी को भी छोटा या बड़ा कह देने से उनके क्रोध के प्रकोप से भयंकर

हानि पहुंच सकती थी।

अचानक राजा विक्रमादित्य को एक उपाय सूझा और उन्होंने विभिन्न धातुओं- स्वर्ण, रजत (चांदी), कांसा, ताम्र (तांबा), सीसा, रांगा, जस्ता, अभ्रक व लोहे के नौ आसन बनवाए। धातुओं के गुणों के अनुसार सभी आसनों को एक-दूसरे के पीछे रखवाकर उन्होंने देवताओं को अपने-अपने सिंहासन पर बैठने को कहा।

देवताओं के बैठने के बाद राजा विक्रमादित्य ने कहा- 'आपका निर्णय तो स्वयं हो गया। जो सबसे पहले सिंहासन पर विराजमान है, वहीं सबसे बड़ा है।'

राजा विक्रमादित्य के निर्णय को सुनकर शनि देवता ने सबसे पीछे आसन पर बैठने के कारण अपने को छोटा जानकर क्रोधित होकर कहा- 'राजा विक्रमादित्य! तुमने मुझे सबसे पीछे बैठाकर मेरा अपमान किया है। तुम मेरी शक्तियों से परिचित नहीं हो। मैं तुम्हारा सर्वनाश कर दूंगा।'

शनि ने कहा- 'सूर्य एक राशि पर एक महीने, चंद्रमा सवा दो दिन, मंगल डेढ़ महीने, बुध और शुक्र एक महीने, वृहस्पति तेरह महीने रहते हैं, लेकिन मैं किसी राशि पर साढ़े सात वर्ष (साढ़े साती) तक रहता हूँ। बड़े-बड़े देवताओं को मैंने अपने प्रकोप से पीड़ित किया है।

राम को साढ़े साती के कारण ही वन में जाकर रहना पड़ा और रावण को साढ़े साती के कारण ही युद्ध में मृत्यु का शिकार बनना पड़ा। राजा! अब तू भी मेरे प्रकोप से नहीं बच सकेगा।' इसके बाद अन्य ग्रहों के देवता तो प्रसन्नता के साथ चले गए, परंतु शनि देव बड़े क्रोध के साथ वहां से विदा हुए।

राजा विक्रमादित्य पहले की तरह ही न्याय करते रहे। उनके राज्य में सभी स्त्री-पुरुष बहुत आनंद से जीवन-यापन कर रहे थे। कुछ दिन ऐसे ही बीत गए। उधर शनि देवता अपने अपमान को भूले नहीं थे।

विक्रमादित्य से बदला लेने के लिए एक दिन शनि देव ने घोड़े के व्यापारी का रूप धारण किया और बहुत से घोड़ों के साथ उज्जयिनी नगरी पहुंचे। राजा विक्रमादित्य ने राज्य में किसी घोड़े के व्यापारी के आने का समाचार सुना तो अपने अश्वपाल को कुछ घोड़े खरीदने के लिए भेजा।

घोड़े बहुत कीमती थे। अश्वपाल ने जब वापस लौटकर इस संबंध में बताया तो राजा विक्रमादित्य ने स्वयं आकर एक सुंदर व शक्तिशाली घोड़े को पसंद किया।

घोड़े की चाल देखने के लिए राजा उस घोड़े पर सवार हुए तो वह घोड़ा बिजली की गति से दौड़ पड़ा।

तेजी से दौड़ता घोड़ा राजा को दूर एक जंगल में ले गया और फिर राजा को वहां गिराकर जंगल में कहीं गायब हो गया। राजा अपने नगर को लौटने के लिए जंगल

में भटकने लगा। लेकिन उन्हें लौटने का कोई रास्ता नहीं मिला। राजा को भूख-प्यास लग आई। बहुत घूमने पर उसे एक चरवाहा मिला।

राजा ने उससे पानी मांगा। पानी पीकर राजा ने उस चरवाहे को अपनी अंगूठी दे दी। फिर उससे रास्ता पूछकर वह जंगल से निकलकर पास के नगर में पहुंचा।

राजा ने एक सेठ की दुकान पर बैठकर कुछ देर आराम किया। उस सेठ ने राजा से बातचीत की तो राजा ने उसे बताया कि मैं उज्जयिनी नगरी से आया हूँ। राजा के कुछ देर दुकान पर बैठने से सेठ जी की बहुत बिक्री हुई।

सेठ ने राजा को बहुत भाग्यवान समझा और खुश होकर उसे अपने घर भोजन के लिए ले गया। सेठ के घर में सोने का एक हार खूंटी पर लटका हुआ था। राजा को उस कमरे में छोड़कर सेठ कुछ देर के लिए बाहर गया।

तभी एक आश्चर्यजनक घटना घटी। राजा के देखते-देखते सोने के उस हार को खूंटी निगल गई।

सेठ ने कमरे में लौटकर हार को गायब देखा तो चोरी का संदेह राजा पर ही किया क्योंकि उस कमरे में राजा ही अकेला बैठा था। सेठ ने अपने नौकरों से कहा कि इस परदेसी को रस्सियों से बांधकर नगर के राजा के पास ले चलो।

राजा ने विक्रमादित्य से हार के बारे में पूछा तो उसने बताया कि उसके देखते ही देखते खूंटी ने हार को निगल लिया था। इस पर राजा ने क्रोधित होकर चोरी करने के अपराध में विक्रमादित्य के हाथ-पांव काटने का आदेश दे दिया। राजा विक्रमादित्य के हाथ-पांव काटकर उसे नगर की सड़क पर छोड़ दिया गया।

कुछ दिन बाद एक तेली उसे उठाकर अपने घर ले गया और उसे अपने कोल्हू पर बैठा दिया। राजा आवाज देकर बैलों को हांकता रहता। इस तरह तेली का बैल चलता रहा और राजा को भोजन मिलता रहा। शनि के प्रकोप की साढ़े साती पूरी होने पर वर्षा ऋतु प्रारंभ हुई।

राजा विक्रमादित्य एक रात मेघ मल्हार गा रहा था कि तभी नगर के राजा की लड़की राजकुमारी मोहिनी रथ पर सवार उस तेली के घर के पास से गुजरी। उसने मेघ मल्हार सुना तो उसे बहुत अच्छा लगा और दासी को भेजकर गाने वाले को बुला लाने को कहा।

दासी ने लौटकर राजकुमारी को अपंग राजा के बारे में सब कुछ बता दिया। राजकुमारी उसके मेघ मल्हार से बहुत मोहित हुई। अतः उसने सब कुछ जानकर भी अपंग राजा से विवाह करने का निश्चय कर लिया।

राजकुमारी ने अपने माता-पिता से जब यह बात कही तो वे हैरान रह गए। रानी ने मोहिनी को समझाया- 'बेटी! तेरे भाग्य में तो किसी राजा की रानी होना लिखा

है। फिर तू उस अपंग से विवाह करके अपने पांव पर कुल्हाड़ी क्यों मार रही है?'

राजकुमारी ने अपनी जिद नहीं छोड़ी। अपनी जिद पूरी कराने के लिए उसने भोजन करना छोड़ दिया और प्राण त्याग देने का निश्चय कर लिया। आखिर राजा-रानी को विवश होकर अपंग विक्रमादित्य से राजकुमारी का विवाह करना पड़ा। विवाह के बाद राजा विक्रमादित्य और राजकुमारी तेली के घर में रहने लगे। उसी रात स्वप्न में शनि देव ने राजा से कहा- 'राजा तुमने मेरा प्रकोप देख लिया।

मैंने तुम्हें अपने अपमान का दंड दिया है।' राजा ने शनि देव से क्षमा करने को कहा और प्रार्थना की- 'हे शनि देव! आपने जितना दुःख मुझे दिया है, अन्य किसी को न देना।'

शनि देव ने कुछ सोचकर कहा- 'राजा! मैं तुम्हारी प्रार्थना स्वीकार करता हूँ। जो कोई स्त्री-पुरुष मेरी पूजा करेगा, शनिवार को व्रत करके मेरी व्रतकथा सुनेगा, उस पर मेरी अनुकंपा बनी रहेगी।

प्रातःकाल राजा विक्रमादित्य की नींद खुली तो अपने हाथ-पांव देखकर राजा को बहुत खुशी हुई। उसने मन ही मन शनि देव को प्रणाम किया। राजकुमारी भी राजा के हाथ-पांव सही-सलामत देखकर आश्चर्य में डूब गई। तब राजा विक्रमादित्य ने अपना परिचय देते हुए शनि देव के प्रकोप की सारी कहानी सुनाई।

सेठ को जब इस बात का पता चला तो दौड़ता हुआ तेली के घर पहुंचा और राजा के चरणों में गिरकर क्षमा मांगने लगा। राजा ने उसे क्षमा कर दिया क्योंकि यह सब तो शनि देव के प्रकोप के कारण हुआ था। सेठ राजा को अपने घर ले गया और उसे भोजन कराया। भोजन करते समय वहां एक आश्चर्यजनक घटना घटी। सबके देखते-देखते उस खूंटी ने हार उगल दिया। सेठ जी ने अपनी बेटी का विवाह भी राजा के साथ कर दिया और बहुत से स्वर्ण-आभूषण, धन आदि देकर राजा को विदा किया।

राजा विक्रमादित्य राजकुमारी मोहिनी और सेठ की बेटी के साथ उज्जयिनी पहुंचे तो नगरवासियों ने हर्ष से उनका स्वागत किया। अगले दिन राजा विक्रमादित्य ने पूरे राज्य में घोषणा कराई कि शनि देव सब देवों में सर्वश्रेष्ठ हैं। प्रत्येक स्त्री-पुरुष शनिवार को उनका व्रत करें और व्रतकथा अवश्य सुनें। राजा विक्रमादित्य की घोषणा से शनि देव बहुत प्रसन्न हुए। शनिवार का व्रत करने और व्रत कथा सुनने के कारण सभी लोगों की मनोकामनाएं शनि देव की अनुकंपा से पूरी होने लगीं। सभी लोग आनंदपूर्वक रहने लगे।

नीलांजनं समाभासं रविपुत्रं यमाग्रजम्।
छायामार्तण्ड संभूतं तं नमामि शनैश्चरम्॥

5

शनि कवचं

अथ श्री शनिकवचम्

अस्य श्री शनैश्चरकवचस्तोत्रमंत्रस्य कश्यप ऋषिः II
अनुष्टुप् छन्दः II शनैश्चरो देवता II शीं शक्तिः II
शूं कीलकम् II शनैश्चरप्रीत्यर्थं जपे विनियोगः II
निलांबरो नीलवपुः किरीटी गृध्रस्थितस्त्रासकरो धनुष्मान् II
चतुर्भुजः सूर्यसुतः प्रसन्नः सदा मम स्याद्वरदः प्रशान्तः II १ II

ब्रह्मोवाच II

श्रुणूध्वमृषयः सर्वे शनिपीडाहरं महत् I
कवचं शनिराजस्य सौरेरिदमनुत्तमम् II २ II
कवचं देवतावासं वज्रपंजरसंज्ञकम् I
शनैश्चरप्रीतिकरं सर्वसौभाग्यदायकम् II ३ II
ॐ श्रीशनैश्चरः पातु भालं मे सूर्यनंदनः I
नेत्रे छायात्मजः पातु पातु कर्णौ यमानुजः II ४ II
नासां वैवस्वतः पातु मुखं मे भास्करः सदा I
स्निग्धकंठःश्च मे कंठं भुजौ पातु महाभुजः II ५ II
स्कंधौ पातु शनिश्चैव करौ पातु शुभप्रदः I
वक्षः पातु यमभ्राता कुक्षिं पात्वसितत्सथा II ६ II
नाभिं ग्रहपतिः पातु मंदः पातु कटिं तथा I
ऊरू ममांतकः पातु यमो जानुयुगं तथा II ७ II
पादौ मंदगतिः पातु सर्वांगं पातु पिप्पलः I
अङ्गोपाङ्गानि सर्वाणि रक्षेन्मे सूर्यनंदनः II ८ II

इत्येतत्कवचं दिव्यं पठेत्सूर्यसुतस्य यः I
न तस्य जायते पीडा प्रीतो भवति सूर्यजः II ९ II
व्ययजन्मद्वितीयस्थो मृत्युस्थानगतोऽपि वा I
कलत्रस्थो गतो वापि सुप्रीतस्तु सदा शनिः II १० II
अष्टमस्थे सूर्यसुते व्यये जन्मद्वितीयगे I
कवचं पठतो नित्यं न पीडा जायते क्वचित् II ११ II
इत्येतत्कवचं दिव्यं सौरेर्यनिर्मितं पुरा I
द्वादशाष्टमजन्मस्थदोषान्नाशायते सदा I
जन्मलग्नास्थितान्दोषान्सर्वान्नाशयते प्रभुः II १२ II

II इति श्रीब्रह्मांडपुराणे ब्रह्म-नारदसंवादे शनैश्चरकवचं संपूर्णं II

6

श्री शनिदेव चालीसा

दोहा

जय गणेश गिरिजा सुवन, मंगल करण कृपाल। दीनन के दुख दूर करि, कीजै नाथ निहाल॥

जय जय श्री शनिदेव प्रभु, सुनहु विनय महाराज। करहु कृपा हे रवि तनय, राखहु जन की लाज॥

जयति जयति शनिदेव दयाला। करत सदा भक्तन प्रतिपाला॥
चारि भुजा, तनु श्याम विराजै। माथे रतन मुकुट छबि छाजै॥
परम विशाल मनोहर भाला। टेढ़ी दृष्टि भृकुटि विकराला॥
कुण्डल श्रवण चमाचम चमके। हिय माल मुक्तन मणि दमके॥
कर में गदा त्रिशूल कुठारा। पल बिच करैं अरिहिं संहारा॥
पिंगल, कृष्णो, छाया नन्दन। यम, कोणस्थ, रौद्र, दुखभंजन॥
सौरी, मन्द, शनी, दश नामा। भानु पुत्र पूजहिं सब कामा॥
जा पर प्रभु प्रसन्न ह्वैं जाहीं। रंकहुँ राव करैं क्षण माहीं॥
पर्वतहू तृण होई निहारत। तृणहू को पर्वत करि डारत॥
राज मिलत बन रामहिं दीन्हयो। कैकेइहुँ की मति हरि लीन्हयो॥
बनहूँ में मृग कपट दिखाई। मातु जानकी गई चुराई॥
लखनहिं शक्ति विकल करि डारा। मचिगा दल में हाहाकारा॥
रावण की गति-मति बौराई। रामचन्द्र सों बैर बढ़ाई॥
दियो कीट करि कंचन लंका। बजि बजरंग बीर की डंका॥
नृप विक्रम पर तुहि पगु धारा। चित्र मयूर निगलि गै हारा॥
हार नौलखा लाग्यो चोरी। हाथ पैर डरवायो तोरी॥

भारी दशा निकृष्ट दिखायो। तेलिहिं घर कोल्हू चलवायो॥
विनय राग दीपक महं कीन्हयों। तब प्रसन्न प्रभु ह्वै सुख दीन्हयों॥
हरिश्चन्द्र नृप नारि बिकानी। आपहुं भरे डोम घर पानी॥
तैसे नल पर दशा सिरानी। भूंजी-मीन कूद गई पानी॥
श्री शंकरहिं गह्यो जब जाई। पार्वती को सती कराई॥
तनिक विलोकत ही करि रीसा। नभ उड़ि गयो गौरिसुत सीसा॥
पाण्डव पर भै दशा तुम्हारी। बची द्रौपदी होति उघारी॥
कौरव के भी गति मति मारयो। युद्ध महाभारत करि डारयो॥
रवि कहँ मुख महँ धरि तत्काला। लेकर कूदि परयो पाताला॥
शेष देव-लखि विनती लाई। रवि को मुख ते दियो छुड़ाई॥
वाहन प्रभु के सात सुजाना। जग दिग्गज गर्दभ मृग स्वाना॥
जम्बुक सिंह आदि नख धारी। सो फल ज्योतिष कहत पुकारी॥
गज वाहन लक्ष्मी गृह आवैं। हय ते सुख सम्पति उपजावैं॥
गर्दभ हानि करै बहु काजा। सिंह सिद्धकर राज समाजा॥
जम्बुक बुद्धि नष्ट कर डारै। मृग दे कष्ट प्राण संहारै॥
जब आवहिं प्रभु स्वान सवारी। चोरी आदि होय डर भारी॥
तैसहि चारि चरण यह नामा। स्वर्ण लौह चाँदी अरु तामा॥
लौह चरण पर जब प्रभु आवैं। धन जन सम्पत्ति नष्ट करावैं॥
समता ताम्र रजत शुभकारी। स्वर्ण सर्व सर्व सुख मंगल भारी॥
जो यह शनि चरित्र नित गावै। कबहुं न दशा निकृष्ट सतावै॥
अद्भुत नाथ दिखावैं लीला। करैं शत्रु के नशि बलि ढीला॥
जो पण्डित सुयोग्य बुलवाई। विधिवत शनि ग्रह शांति कराई॥
पीपल जल शनि दिवस चढ़ावत। दीप दान दै बहु सुख पावत॥
कहत राम सुन्दर प्रभु दासा। शनि सुमिरत सुख होत प्रकाशा॥

दोहा

पाठ शनिश्चर देव को, की हों 'भक्त' तैयार।
करत पाठ चालीस दिन, हो भवसागर पार॥

7

आरती श्री शनिदेव जी की

जय जय श्री शनिदेव भक्तन हितकारी।
सूर्य पुत्र प्रभु छाया महतारी॥ जय ....
श्याम अंग वक्र-दृष्टि चतुर्भुजा धारी।
नीलाम्बर धार नाथ गज की असवारी॥ जय ...
क्रीट मुकुट शीश राजित दिपत है लिलारी।
मुक्तन की माला गले शोभित बलिहारी॥
जय जय श्री शनिदेव भक्तन हितकारी।
मोदक मिष्ठान पान चढ़त हैं सुपारी।
लोहा तिल तेल उड़द महिषी अति प्यारी॥ जय ....
देव दनुज ऋषि मुनि सुमिरत नर नारी।
विश्वनाथ धरत ध्यान शरण हैं तुम्हारी॥
जय जय श्री शनि देव भक्तन हितकारी।।

8

श्री हनुमान चालीसा

दोहा :

श्रीगुरु चरन सरोज रज, निज मनु मुकुरु सुधारि।
बरनऊं रघुबर बिमल जसु, जो दायकु फल चारि।।
बुद्धिहीन तनु जानिके, सुमिरौं पवन-कुमार।
बल बुद्धि बिद्या देहु मोहिं, हरहु कलेस बिकार।।

चौपाई :

जय हनुमान ज्ञान गुन सागर। जय कपीस तिहुं लोक उजागर।।
रामदूत अतुलित बल धामा। अंजनि-पुत्र पवनसुत नामा।।

महाबीर बिक्रम बजरंगी। कुमति निवार सुमति के संगी।।
कंचन बरन बिराज सुबेसा। कानन कुंडल कुंचित केसा।।

हाथ बज्र औ ध्वजा बिराजै। कांधे मूंज जनेऊ साजै।
संकर सुवन केसरीनंदन। तेज प्रताप महा जग बन्दन।।

विद्यावान गुनी अति चातुर। राम काज करिबे को आतुर।।
प्रभु चरित्र सुनिबे को रसिया। राम लखन सीता मन बसिया।।

सूक्ष्म रूप धरि सियहिं दिखावा। बिकट रूप धरि लंक जरावा।।
भीम रूप धरि असुर संहारे। रामचंद्र के काज संवारे।।

लाय सजीवन लखन जियाये। श्रीरघुबीर हरषि उर लाये।।
रघुपति कीन्ही बहुत बड़ाई। तुम मम प्रिय भरतहि सम भाई।।

सहस बदन तुम्हरो जस गावैं। अस कहि श्रीपति कंठ लगावैं।।
सनकादिक ब्रह्मादि मुनीसा। नारद सारद सहित अहीसा।।

जम कुबेर दिगपाल जहां ते। कबि कोबिद कहि सके कहां ते।।
तुम उपकार सुग्रीवहिं कीन्हा। राम मिलाय राज पद दीन्हा।।

तुम्हरो मंत्र बिभीषन माना। लंकेस्वर भए सब जग जाना।।
जुग सहस्र जोजन पर भानू। लील्यो ताहि मधुर फल जानू।।

प्रभु मुद्रिका मेलि मुख माहीं। जलधि लांघि गये अचरज नाहीं।।
दुर्गम काज जगत के जेते। सुगम अनुग्रह तुम्हरे तेते।।

राम दुआरे तुम रखवारे। होत न आज्ञा बिनु पैसारे।।
सब सुख लहै तुम्हारी सरना। तुम रक्षक काहू को डर ना।।

आपन तेज सम्हारो आपै। तीनों लोक हांक तें कांपै।।
भूत पिसाच निकट नहिं आवै। महाबीर जब नाम सुनावै।।

नासै रोग हरै सब पीरा। जपत निरंतर हनुमत बीरा।।
संकट तें हनुमान छुड़ावै। मन क्रम बचन ध्यान जो लावै।।

सब पर राम तपस्वी राजा। तिन के काज सकल तुम साजा।
और मनोरथ जो कोई लावै। सोइ अमित जीवन फल पावै।।

चारों जुग परताप तुम्हारा। है परसिद्ध जगत उजियारा।।
साधु-संत के तुम रखवारे। असुर निकंदन राम दुलारे।।

अष्ट सिद्धि नौ निधि के दाता। अस बर दीन जानकी माता।।
राम रसायन तुम्हरे पासा। सदा रहो रघुपति के दासा।।

तुम्हरे भजन राम को पावै। जनम-जनम के दुख बिसरावै।।
अन्तकाल रघुबर पुर जाई। जहां जन्म हरि-भक्त कहाई।।

और देवता चित्त न धरई। हनुमत सेइ सर्ब सुख करई।।
संकट कटै मिटै सब पीरा। जो सुमिरै हनुमत बलबीरा।।

जै जै जै हनुमान गोसाईं। कृपा करहु गुरुदेव की नाईं।।
जो सत बार पाठ कर कोई। छूटहि बंदि महा सुख होई।।

जो यह पढ़ै हनुमान चालीसा। होय सिद्धि साखी गौरीसा।।
तुलसीदास सदा हरि चेरा। कीजै नाथ हृदय मंह डेरा।।

दोहा :

पवन तनय संकट हरन, मंगल मूरति रूप।
राम लखन सीता सहित, हृदय बसहु सुर भूप।।

९

श्री हनुमत् स्तवन

प्रनवउँ पवनकुमार खलबन पावक ज्ञानघन।
जासु हृदय आगार बसहिं राम सर चाप धर।।

अतुलितबलधामं हेमशैलाभदेहम्, दनुजवनकृशानुं ज्ञानिनामग्रगण्यम्
सकलगुणनिधानं वानराणामधीशम्, रघुपतिप्रियभक्तं वातजातं नमामि।
गोष्पदीकृतवारीशं मशकीकृतराक्षसम् रामायणमहामालारत्नं वन्देऽनिलात्मजम्
अञ्जनानन्दनं वीरं जानकीशोकनाशनम् , कपीशमक्षहन्तारं वन्दे
लङ्काभयङ्करम्।।
उल्लङ्घ्य सिन्धोः सलिलं सलीलं, यः शोकवह्निं जनकात्मजायाः
आदाय तेनैव ददाह लङ्कां, नमामि तं प्राञ्जलिराञ्जनेयम्।
मनोजवं मारुततुल्यवेगं जितेन्द्रियं बुद्धिमतां वरिष्ठम्
वातात्मजं वानरयूथमुख्यं श्रीरामदूतं शरणं प्रपद्ये।।

आञ्जनेयमतिपाटलाननं काञ्चनाद्रिकमनीयविग्रहम्
पारिजाततरुमूलवासिनं भावयामि पवमाननन्दनम् ।
यत्र-यत्र रघुनाथकीर्तनं तत्र-तत्र कृतमस्तकाञ्जलिम्
वाष्पवारिपरिपूर्णलोचनं मारुतिं नमत राक्षसान्तकम् ।।

अर्थ - मैं उन पवन पुत्र श्री हनुमान जी को प्रणाम करता हूं, जो दुष्ट रूपी वन में अर्थात राक्षस रूपी वन में अग्नि के समान ज्ञान से परिपूर्ण हैं। जिनके हृदय रूपी घर में धनुषधारी श्री राम निवास करते हैं।

अतुलनीय बल के निवास, हेमकूट पर्वत के समान शरीर वाले राक्षस रूपी वन के लिए अग्नि के समान, ज्ञानियों के अग्रणी रहने वाले, समस्त गुणों के भंडार, वानरों के स्वामी, श्री राम के प्रिय भक्त वायुपुत्र श्री हनुमान जी को नमस्कार करता हूं।

समुद्र को गाय के खुर के समान संक्षिप्त बना देने वाले, राक्षसों को मच्छर जैसा बनाने वाले, रामायण रूपी महती माला का रत्न वायुनंदन हनुमान जी को मैं प्रणाम करता हूं।

माता अंजनी को प्रसन्न रखने वाले , माता सीता जी के शोक को नष्ट करने वाले, अक्ष को मारने वाले, लंका के लिए भंयकर रूप वाले वानरों के स्वामी को मैं प्रणाम करता हूं।

जिन्होंने समुद्र के जल को लीला पूर्वक(खेल-खेल में) लांघ कर माता सीता जी की शोकरूपी अग्नि को लेकर उस अग्नि से ही लंका दहन कर दिया, उन अंजनी पुत्र को मैं हाथ जोड़ कर नमस्कार करता हूं।

मन के समान गति वाले, वायु के समान वेग वाले, इंद्रियों के जीतने वाले, बुद्धिमानों में श्रेष्ठ, वायुपुत्र, वानरों के समूह के प्रमुख, श्री राम के दूत की शरण प्राप्त करता हूं।

अंजना के पुत्र, गुलाब के समान मुख वाले, हेमकुट पर्वत समान सुंदर शरीर वाले, कल्पवृक्ष की जड़ पर रहने वाले, पवन पुत्र श्री हनुमान जी को मैं याद करता हूं।

जहां- जहां श्री रामचंद्र जी का कीर्तन होता है वहां-वहां मस्तक पर अंजलि बांधे हुए आनंदाश्रु से पूरित नेत्रों वाले, राक्षसों के काल वायुपुत्र (श्री हनुमान जी) को नमस्कार करें।

10

दशरथकृत शनि स्तोत्र

नमः कृष्णाय नीलाय शितिकण्ठनिभाय च।
नमः कालाग्निरूपाय कृतान्ताय च वै नमः ।।
नमो निर्मांस देहाय दीर्घश्मश्रुजटाय च।
नमो विशालनेत्राय शुष्कोदर भयाकृते।।
नमः पुष्कलगात्राय स्थूलरोम्णेऽथ वै नमः।
नमो दीर्घायशुष्काय कालदष्ट्र नमोऽस्तुते।।
नमस्ते कोटराक्षाय दुर्निरीक्ष्याय वै नमः।
नमो घोराय रौद्राय भीषणाय कपालिने।।
नमस्ते सर्वभक्षाय वलीमुखायनमोऽस्तुते।
सूर्यपुत्र नमस्तेऽस्तु भास्करे भयदाय च।।
अधोदृष्टेः नमस्तेऽस्तु संवर्तक नमोऽस्तुते।
नमो मन्दगते तुभ्यं निरिस्त्रणाय नमोऽस्तुते।।
तपसा दग्धदेहाय नित्यं योगरताय च।
नमो नित्यं क्षुधार्ताय अतृप्ताय च वै नमः।।
ज्ञानचक्षुर्नमस्तेऽस्तु कश्यपात्मज सूनवे।
तुष्टो ददासि वै राज्यं रुष्टो हरसि तत्क्षणात्।।
देवासुरमनुष्याश्च सिद्घविद्याधरोरगाः।
त्वया विलोकिताः सर्वे नाशंयान्ति समूलतः।।
प्रसाद कुरु मे देव वाराहोऽहमुपागत।
एवं स्तुतस्तद सौरिग्र्हराजो महाबलः।।

11

शनि अष्टोत्तरशतनामावली

ॐ शनैश्चराय नमः ॥ ॐ शान्ताय नमः ॥ ॐ सर्वाभीष्टप्रदायिने नमः ॥ ॐ शरण्याय नमः ॥ ॐ वरेण्याय नमः ॥ ॐ सर्वेशाय नमः ॥ ॐ सौम्याय नमः ॥ ॐ सुरवन्द्याय नमः ॥ ॐ सुरलोकविहारिणे नमः ॥ ॐ सुखासनोपविष्टाय नमः ॥ ॐ सुन्दराय नमः ॥ ॐ घनाय नमः ॥ ॐ घनरूपाय नमः ॥ ॐ घनाभरणधारिणे नमः ॥ ॐ घनसारविलेपाय नमः ॥ ॐ खद्योताय नमः ॥ ॐ मन्दाय नमः ॥ ॐ मन्दचेष्टाय नमः ॥ ॐ महनीयगुणात्मने नमः ॥ ॐ मर्त्यपावनपदाय नमः ॥ ॐ महेशाय नमः ॥ ॐ छायापुत्राय नमः ॥ ॐ शर्वाय नमः ॥ ॐ शततूणीरधारिणे नमः ॥ ॐ चरस्थिरस्वभा वाय नमः ॥ ॐ अचंचलाय नमः ॥ ॐ नीलवर्णाय नमः ॥ ॐ नित्याय नमः ॥ ॐ नीलांजननिभाय नमः ॥ ॐ नीलाम्बरविभूशणाय नमः ॥ ॐ निश्चलाय नमः ॥ ॐ वेद्याय नमः ॥ ॐ विधिरूपाय नमः ॥ ॐ विरोधाधारभूमये नमः ॥ ॐ भेदास्पदस्वभावाय नमः ॥ ॐ वज्रदेहाय नमः ॥ ॐ वैराग्यदाय नमः ॥ ॐ वीराय नमः ॥ ॐ वीतरोगभयाय नमः ॥ ॐ विपत्परम्परेशाय नमः ॥ ॐ विश्ववन्द्याय नमः ॥ ॐ गृध्नवाहाय नमः ॥ ॐ गूढाय नमः ॥ ॐ कूर्मांगाय नमः ॥ ॐ कुरूपिणे नमः ॥ ॐ कुत्सिताय नमः ॥ ॐ गुणाढ्याय नमः ॥ ॐ गोचराय नमः ॥ ॐ अविद्यामूलनाशाय नमः ॥ ॐ विद्याविद्यास्वरूपिणे नमः ॥ ॐ आयुष्यकारणाय नमः ॥ ॐ आपदुद्धर्त्रे नमः ॥ ॐ विष्णुभक्ताय नमः ॥ ॐ वशिने नमः ॥ ॐ विविधागमवेदिने नमः ॥ ॐ विधिस्तुत्याय नमः ॥ ॐ वन्द्याय नमः ॥ ॐ विरूपाक्षाय नमः ॥ ॐ वरिष्ठाय नमः ॥ ॐ गरिष्ठाय नमः ॥ ॐ वज्रांकुशधराय नमः ॥ ॐ वरदाभयहस्ताय नमः

॥ ॐ वामनाय नमः ॥ ॐ ज्येष्ठापत्नीसमेताय नमः ॥ ॐ श्रेष्ठाय नमः ॥ ॐ मितभाषिणे नमः ॥ ॐ कष्टौघनाशकर्त्रे नमः ॥ ॐ पुष्टिदाय नमः ॥ ॐ स्तुत्याय नमः ॥ ॐ स्तोत्रगम्याय नमः ॥ ॐ भक्तिवश्याय नमः ॥ ॐ भानवे नमः ॥ ॐ भानुपुत्राय नमः ॥ ॐ भव्याय नमः ॥ ॐ पावनाय नमः ॥ ॐ धनुर्मण्डलसंस्थाय नमः ॥ ॐ धनदाय नमः ॥ ॐ धनुष्मते नमः ॥ ॐ तनुप्रकाशदेहाय नमः ॥ ॐ तामसाय नमः ॥ ॐ अशेषजनवन्द्याय नमः ॥ ॐ विशेशफलदायिने नमः ॥ ॐ वशीकृतजनेशाय नमः ॥ ॐ पशूनां पतये नमः ॥ ॐ खेचराय नमः ॥ ॐ खगेशाय नमः ॥ ॐ घननीलाम्बराय नमः ॥ ॐ काठिन्यमानसाय नमः ॥ ॐ आर्यगणस्तुत्याय नमः ॥ ॐ नीलच्छत्राय नमः ॥ ॐ नित्याय नमः ॥ ॐ निर्गुणाय नमः ॥ ॐ गुणात्मने नमः ॥ ॐ निरामयाय नमः ॥ ॐ निन्द्याय नमः ॥ ॐ वन्दनीयाय नमः ॥ ॐ धीराय नमः ॥ ॐ दिव्यदेहाय नमः ॥ ॐ दीनार्तिहरणाय नमः ॥ ॐ दैन्यनाशकराय नमः ॥ ॐ आर्यजनगण्याय नमः ॥ ॐ क्रूराय नमः ॥ ॐ क्रूरचेष्टाय नमः ॥ ॐ कामक्रोधकराय नमः ॥ ॐ कलत्रपुत्रशत्रुत्वकारणाय नमः ॥ ॐ परिपोषितभक्ताय नमः ॥ ॐ परभीतिहराय नमः ॥ ॐ भक्तसंघमनोऽभीष्टफलदाय नमः ॥

इसका नित्य १०८ पाठ करने से शनि सम्बन्धी सभी पीडायें समाप्त हो जाती हैं। तथा पाठ कर्ता धन धान्य समृद्धि वैभव से पूर्ण हो जाता है। और उसके सभी बिगडे कार्य बनने लगते है। यह सौ प्रतिशत अनुभूत है।

12

लाल किताब के अनुसार शनि ग्रह

ज्योतिष शास्त्र में शनि देव को कलियुग का न्यायाधीश कहा जाता है। वे परम दण्डाधिकारी हैं और मनुष्य को उसके पाप और बुरे कार्यों के अनुसार दंडित करते हैं। पौराणिक मान्यताओं के अनुसार शनि देव के कारण ही भगवान गणेश के सिर कटा। भगवान राम को भी शनिदेव के कारण ही वनवास जाना पड़ा। महाभारत काल में पांडवों को जंगल में भटकना पड़ा, उज्जैन के राजा विक्रमादित्य को कष्ट झेलने पड़े, राजा हरिशचंद्र दर-दर भटके और राजा नल और रानी दमयंती को

जीवन में दुःखों का सामना करना पड़ा था। शनि को सूर्य पुत्र कहा जाता है। वैदिक ज्योतिष में शनि को क्रूर व पापी ग्रह कहा गया है लेकिन यह सर्वाधिक शुभ फलदायी ग्रह भी है। लाल किताब के अनुसार दशम और एकादश भाव शनि के भाव हैं। शनि को मकर और कुंभ दो राशियों का स्वामित्व प्राप्त है। कुंडली के प्रथम भाव पर मेष राशि का आधिपत्य है और इस राशि में शनि नीच का होता है। शुभ योग होने पर इस भाव का शनि व्यक्ति को मालामाल कर देता है, जबकि अशुभ योग होने पर बर्बाद करके रख देता है। सप्तम भाव में राहु और केतु के होने पर शनि और भी अशुभ फलदायी हो जाता है। यदि दशम या एकादश भाव में सूर्य हो तो, मंगल व शुक्र भी अशुभ फल देने लगते हैं।

शनि हर राशि में लगभग ढाई वर्ष तक रहता है, इसलिए जब शनि मंदा हो या जातक अपने कर्मों द्वारा उसे मंदा कर ले, तो शनि 3 राशियों को पार करने के समय में व्यक्ति को बहुत दुःख और परेशानी पहुंचाता है। इसी को साढ़े सात वर्ष की साढ़े साती कहा गया है। चूंकि शनि एक राशि में ढाई वर्ष तक रहता है इसलिए तीन राशियों में यह कुल साढ़े सात वर्ष की अवधि गुजारता है। जब शनि चंद्र से प्रथम राशि में आता है तो साढ़े साती प्रारंभ होती है और जब चंद्र से अगली राशि में से निकलने के बाद शनि की साढ़े साती खत्म हो जाती है।

लाल किताब के अनुसार शनि ग्रह के कारकत्व

शनि को कर्म भाव का स्वामी कहा जाता है। यह सेवा और नौकरी का कारक होता है। काला रंग, काला धन, लोहा, लोहार, मिस्त्री, मशीन, कारखाना, कारीगर, मजदूर, चुनाई करने वाला, लोहे के औजार व सामान, जल्लाद, डाकू, चीर फाड़ करने वाला डॉक्टर, चालाक, तेज नज़र, चाचा, मछली, भैंस, भैंसा, मगरमच्छ, सांप, जादू, मंत्र, जीव हत्या, खजूर, अलताश का वृक्ष, लकड़ी, छाल, ईंट, सीमेंट, पत्थर, सूती, गोमेद, नशीली वस्तु, मांस, बाल, खाल, तेल, पेट्रोल, स्पिरिट, शराब, चना, उड़द, बादाम, नारियल, जूता, जुराब, चोट, हादसा यह सब शनि से संबंधित है।

शनि ग्रह का संबंध

शनि भैरों महाराज का प्रतीक और पापी ग्रहों के गिरोह का सरदार ग्रह है। काला धन, लोहा, तेल, शराब, मांस और मकान आदि शनि से संबंधित वस्तुएँ हैं। वहीं भैंस, सांप, मछली, मजदूर आदि शनि से संबंधित जीव हैं। शनि जिस पर प्रसन्न हो जाये उसे निहाल कर दे और अगर क्रोधी हो जाये तो बर्बाद कर दे।

13

लाल किताब के अनुसार विभिन्न भावों में शनि ग्रह के प्रभाव एवं उपाय

पहले भाव में फल

पहला घर सूर्य और मंगल ग्रह से प्रभावित होता है। पहले घर में शनि तभी अच्छे परिणाम देगा जब तीसरे, सातवें या दसवें घर में शनि के शत्रु ग्रह न हों। यदि, बुध या शुक्र, राहू या केतू, सातवें भाव में हों तो शनि हमेशा अच्छे परिणाम देगा। यदि शनि नीच का हो और जातक के शरीर में बाल अधिक हों तो जातक

गरीब होगा। यदि जातक अपना जन्मदिन मनाता है तो बहुत बुरे परिणाम मिलेंगे हालांकि जातक दीर्घायु होगा।

उपाय:

(1) शराब और मांसाहारी भोजन से स्वयं को बचाएं।

(2) नौकरी और व्यवसाय में लाभ के लिए जमीन में सुरमा दफनायें।

(3) सुख और समृद्धि के लिए बंदरों की सेवा करें।

(4) बरगद के पेड़ की जड़ों पर मीठा दूध चढानें से शिक्षा और स्वास्थ्य में सकारात्मक परिणाम मिलेंगे।

दूसरे भाव में फल

जातक बुद्धिमान, दयालु और न्यायकर्ता होगा। वह धन का आनंद लेगा और धार्मिक स्वभाव का होगा। भले ही शनि उच्च का हो या नीच का, यह नतीजा आठवें भाव में बैठे ग्रह पर निर्भर करेगा। जातक की वित्तीय स्थिति सातवें भाव में स्थित ग्रह पर निर्भर करेगी। परिवार में पुरुष सदस्यों की संख्या छठवें भाव और आयु आठवें भाव पर निर्भर करेगी। जब शनि इस भाव में नीच का हो तो शादी के बाद उसके ससुराल वाले परेशान होंगे।

उपाय:

(1) लगातार 43 दिनों तक नंगे पांव मंदिर जाएं।

(2) माथे पर दही या दूध का तिलक लगाएं।

(3) साँप को दूध पिलाए।

तीसरे भाव में फल

इस घर में शनि अच्छा परिणाम देता है। यह घर मंगल ग्रह का पक्का घर है। जब केतु अपने इस घर को देखता है तो यहां बैठा शनि बहुत अच्छे परिणाम देता है। जातक स्वस्थ, बुद्धिमान और बहुत सरल स्वभाव का होता है। यदि जातक धनवान होगा तो उसके घर में पुरुष सदस्यों की संख्या कम होगी। गरीब होने की दशा में परिणाम उल्टा होगा। यदि जातक शराब और मांशाहार से दूर रहता है तो वह लम्बे और स्वस्थ जीवन का आनंद उठाएगा।

उपाय:

(1) तीन कुत्तों की सेवा करें।

(2) आँखों की दवाएं मुफ्त बांटें।

(3) घर में एक कमरे में हमेशा अंधेरा रखना बहुत फायदेमंद साबित होगा।

चौथे भाव में फल

यह भाव चंद्रमा का घर होता है। इसलिए शनि इस भाव में मिलेजुले परिणाम देता है। जातक अपने माता पिता के प्रति समर्पित होगा और प्रेम मुहब्बत से रहने वाला होगा। जब कभी जातक बीमार होगा तो चंद्रमा से संबंधित चीजें फायदेमंद होंगी। जातक के परिवार से कोई व्यक्ति चिकित्सा विभाग से संबंधित होगा। जब शनि इस भाव में नीच का होकर स्थित हो तो शराब पीना, सांप मारना और रात के समय घर की नीव रखना जैसे काम बहुत बुरे परिणाम देते हैं। रात में दूध पीना भी अहितकर है।

उपाय:

(1) साँप को दूध पिलाएं अथवा दूध चावल किसी गाय या भैंस को खिलाएं।

(2) किसी कुएं में दूध डालें और रात में दूध न पियें।

(3) चलते पानी में रम डालें।

पांचवें भाव में फल

यह भाव सूर्य का घर होता है। जो शनि का शत्रु ग्रह है। जातक घमंडी होगा। जातक को 48 साल तक घर का निर्माण नहीं करना चाहिए, अन्यथा उसके बेटे को तकलीफ होगी। उसे अपने बेटे के बनवाए या खरीदे हुए घर में रहना चाहिए। जातक को अपने पैतृक घर में बृहस्पति और मंगल ग्रह से संबंधित वस्तुएं रखनी चाहिए, इससे उसके बच्चों का भला होता है। यदि जातक के शरीर में बाल अधिक होंगे तो जातक बेईमान हो जाएगा।

उपाय:

(1) बेटे के जन्मदिन पर नमकीन चीजें बाटें।

(2) बादाम का एक हिस्सा मंदिर में बाटें और दूसरा हिस्सा लाकर घर में रख दें।

छठें भाव में फल

यदि शनि ग्रह से संबंधित काम रात में किया जाय तो हमेशा लाभदायक परिणाम मिलेंगे। यदि शादी के 28 साल के बाद होगी तो अच्छे परिणाम मिलेंगे। यदि केतु अच्छी स्थित में हो जातक धन, लाभदायक यात्रओं और बच्चों के सुख का आनंद पाता है। यदि शनि नीच का हो तो शनि से सम्बंधित चीजें जैसे चमडा, लोहा आदि को लाना हानिकारक होता है, खासकर तब, जब शनि वर्षफल में छठवें भाव में हो।

उपाय:

(1) एक काला कुत्ता पालें और उसे भोजन करायें।

(2) नदी या बहते पानी में नारियल और बादाम बहाएं।

(3) सांप की सेवा बच्चों के कल्याण के लिए फायदेमंद साबित होगी।

सातवें भाव में फल

यह घर बुध और शुक्र से प्रभावित होता है, दोनो ही शनि के मित्र ग्रह हैं। इसलिए शनि इस घर में बहुत अच्छा परिणाम देता है। शनि से जुड़े व्यवसाय जैसे मशीनरी और लोहे का काम बहुत लाभदायक होगा। यदि जातक अपनी पत्नी से अच्छे संबंध रखता है तो वह अमीर और समृद्ध होगा और लंबी आयु के साथ अच्छे स्वास्थ्य का आनंद लेगा। यदि बृहस्पति पहले घर में हो तो सरकार से लाभ होगा। यदि जातक व्यभिचारी हो जाता है या शराब पीने लगता है तो शनि नीच और हानिकर हो जाता है। यदि जातक 22 साल के बाद शादी करता है तो उसकी दृष्टि पर प्रतिकूल प्रभाव पडता है।

उपायः

(1) किसी बांसुरी में चीनी भरें और किसी सुनसान जगह जैसे कि जंगल आदि में दफना दें।

(2) काली गाय की सेवा करें।

आठवें भाव में फल

आठवें घर में कोई भी ग्रह शुभ नहीं माना जाता है। जातक दीर्घायु होगा लेकिन उसके पिता की उम्र कम होती है और जातक के भाई एक-एक करके शत्रु बनते जाते हैं। यह घर शनि का मुख्यालय माना जाता है, लेकिन यदि बुध, राहू और केतु जातक की कुंडली में नीच के हैं तो शनि बुरा परिणाम देगा।

उपायः

(1) अपने साथ चांदी का एक चौकोर टुकड़ा रखें।

(2) नहाते समय पानी में दूध डालें और किसी पत्थर या लकड़ी के आसन पर बैठ कर स्नान करें।

नौवें भाव में फल

जातक के तीन घर होंगे। जातक एक सफल यात्रा संचालक (टूर ऑपरेटर) या सिविल इंजीनियर होगा। वह एक लंबे और सुखी जीवन का आनंद लेगा साथ ही जातक के माता - पिता भी सुखी जीवन का आनंद लेंगे। यहां स्थित शनि जातक की तीन पीढ़ियों शनि के दुष्प्रभाव से बचाएगा। अगर जातक दूसरों की मदद करता है तो शनि ग्रह हमेशा अच्छे परिणाम देगा। जातक के एक बेटा होगा, हालांकि वह देर से पैदा होगा।

उपायः

(1) बहते पानी में चावल या बादाम बहाएं।

(2) बृहस्पति से संबंधित (सोना, केसर) और चंद्रमा से संबंधित (चांदी, कपड़ा) का काम अच्छे परिणाम देंगे।

दसवें भाव में फल

यह शनि का अपना घर है, जहां शनि अच्छा परिणाम देगा। जातक तब तक धन और संपत्ति का आनंद लेता रहेगा, जब तक कि वह घर नहीं बनवाता। जातक महत्वाकांक्षी होगा और सरकार से लाभ का आनंद लेगा। जातक को चतुराई से काम लेना चाहिए और एक जगह बैठ कर काम करना चाहिए। तभी उसे शनि से लाभ और आनंद मिल पाएगा।

उपाय:

(1) प्रतिदिन मंदिर जाएं।

(2) शराब, मांस और अंडे से परहेज करें।

(3) दस अंधे लोगों को भोजन कराएं।

ग्यारहवें भाव में फल

जातक के भाग्य का निर्धारण उसकी उम्र के अडतालीसवें वर्ष में होगा। जातक कभी भी निःसंतान नहीं रहेगा। जातक चतुराई और छल से पैसे कमाएगा। शनि ग्रह राहु और केतु की स्थिति के अनुसार अच्छा या बुरा परिणाम देगा।

उपाय:

(1) किसी महत्वपूर्ण काम को शुरू करने से पहले 43 दिनों तक तेल या शराब की बूंदें जमीन पर गिराएं।

(2) शराब न पियें और अपना नैतिक चरित्र ठीक रखें।

बारहवें भाव में फल

शनि इस घर में अच्छा परिणाम देता है। जातक के दुश्मन नहीं होंगे। उसके कई घर होंगे। उसके परिवार और व्यापार में वृद्धि होगी। वह बहुत अमीर हो जाएगा। हालांकि, यदि जातक शराब पिए, मांशाहार करे या अपने घर के अंधेरे कमरे में रोशनी करे तो शनि नीच का हो जाएगा।

उपाय:

1. किसी काले कपड़े में बारह बादाम बांधकर उसे किसी लोहे के बर्तन में भरकर किसी अंधेरे कमरे में रखने से अच्छे परिणाम मिलेंगे।

14

लाल किताब के अनुसार शनि ग्रह के अशुभ होने के लक्षण

लाल किताब के अनुसार शनि से शापित कुंडली के जातक के सामान्य या सरल लक्षण निम्नलिखित हैं : -

1. व्यक्ति बेवजह अंतर्मुखी हो जाता है।
2. व्यक्ति आलसी और एकांतवासी हो जाता है। लोगों से मिलने का मन नहीं करता।
3. मांगलिक कार्यों में जाने का मन नहीं करता।
4. व्यक्ति कई कामों को एक साथ ख़त्म नहीं करता।
5. जिस जातक का शनि ख़राब होता है ऐसा व्यक्ति अन्य लोगों खासतौर पर अपने परिवार के व्यक्तियों के कामों में कमियां निकलने लगता है .
6. ऐसे जातक का घमंड बहुत ऊपर होता है। बड़ी बातें करना ऐसे व्यक्ति का मुख्य कार्य बन जाता है।
   व्यक्ति स्वयं को सबसे महान और बड़ा मानने लगता है तथा दूसरों को मूर्ख समझने लगता है।
7. ऐसा व्यक्ति अपने से नीचे स्तर के लोगों के साथ बैठना ज्यादा पसंद करता है। अपने से ऊंचे दर्जे या विद्वान् लोगों के साथ ऐसे व्यक्तियों को उठना बैठना पसंद नहीं आता। ऐसा व्यक्ति अपने से ऊंचे दर्जे के लोगों में सिर्फ कमियां

निकालता है - उनसे दूरी बना कर रखता है।

8. ऐसा इंसान अपने रिश्तेदारों तथा सहयोगियों से अपनी वाणी से रिश्ते खराब कर लेता है। और जब बहुत मजबूरी होती है तब किसी के आगे झुकता है और जहां फिर से परिस्थिति सही हुई फिर से अपना पुराना व्यवहार शुरू कर देता है ।
9. घर के अंदर लड़ाई, झगडे, दुनियादारी और रिश्तेदारों से बिलकुल न बन पाना और दूसरों की कमियां निकाल कर ऐसे व्यक्ति खुद का जीवन ही ख़राब कर लेते हैं।
10. ऐसा इंसान स्वयं को सजा संवार कर नहीं रखता।
11. शनि से शापित कुंडली के व्यक्ति की मानसिकता खराब होने लगती है।
12. अपने रिश्तेदारों के बीच आपकी साख नहीं रहेगी। आपकी इज़्ज़त घटती जाएगी।
13. जीवन में वाहन का सुख बहुत मुश्किल से मिलता है। यदि मिलता भी है तो शीघ्र ही खराब हो जायेगा या टक्कर लग जाएगी। वाहन का रंग रूप बिगड़ जायेगा। वाहन समस्याएं देगा।
14. चाचा की तरफ के रिश्तेदारों से नहीं बनती।
15. मकान के सुख में कमी।
16. शनि के अशुभ प्रभाव से विवादों की वजह से भवन बिक जाता है।
17. मकान या भवन का हिस्सा गिर जाता है या क्षतिग्रस्त हो जाता है।
18. अंगों के बाल तेजी से झड़ जाते हैं।
19. घर या दुकान में अचानक आग लग सकती है।
20. किसी भी प्रकार से धन और संपत्ति का नाश होने लगता है।
21. अपने जीवनसाथी की जगह परपुरुष या परस्त्री में मन लगना। मनुष्य पराई स्त्री से संबंध रखकर बर्बाद हो जाता है।
22. जुआ-सट्टे की लत लगने से व्यक्ति कंगाल हो जाता है।
23. कानूनी या आपराधिक मामले में जेल हो जाती है।
24. शराब के अत्यधिक सेवन से व्यक्ति की सेहत खराब हो जाती है।
25. किसी हादसे में व्यक्ति अपंग हो सकता है।

15

लाल किताब में शनि ग्रह से जुड़े टोटके व उपाय

(लाल किताब के उपाय कृपया दिन में ही करें। एक उपाय पूरा हो जाने के बाद ही दूसरा उपाय करें। उपाय कम से कम 43 दिन लगातार करें । उपाय करने में सावधानी जरुर बरतें तथा नियमों का पालन करें।)

1. शनि की वक्र दृष्टि से बचने के लिए हनुमान जी की सेवा और प्रतिदिन हनुमान चालीसा का पाठ करना चाहिए।
2. खोटे सिक्के, बंद घड़ियाँ, खराब इलक्ट्रोनिक सामान, बरसात में भीगी लकड़ियां - ये सब चीज़ें घर से निकाल दें।
3. यदि घर की फर्श ऊंची-नीची है तो उसे एक जैसा कर दें ।
4. मजदूरों की अधिक से अधिक सेवा करें ।
5. कौवों और कुत्तों की अधिक से अधिक सेवा करें ।
6. हर शनिवार को एक लोहे कटोरे में उड़द साबुत, काले चने, सरसों का तेल एक साथ डाल कर एक रुमलनुमा काला कपडे पर रख कर माथे से लगा कर दान करें।
7. शनि के शत्रु ग्रह सूर्य मंगल और चन्द्रमा को यदि मजबूत कर के चलें तो शनि अपने बुरे प्रभाव को शीघ्र त्याग देते हैं।

8. सुबह उठ कर नहा धो कर हनुमान चालीसा का पाठ करें, उसके बाद थोड़े से जल के अंदर थोड़ा सा दूध और दो दाने चीनी के दाने दाल करे बड़ (बरगद) को जल दें और उसके बाद उसी गीली मिटटी का तिलक लगाएं।
9. शनि की शांति के लिए महामृत्युंजय मंत्र का जप भी कर सकते हैं।
10. तिल, उड़द, लोहा, भैंस, तेल, काले कपड़े, काली गाय और जूते भी दान में देना चाहिए।
11. मांगने वाले को लोहे का चिमटा, तवा, अंगीठी दान में देना चाहिए।
12. जातक मस्तक पर तेल की बजाय दूध या दही का तिलक लगाया करें तो अति लाभदायक होगा।
13. काले कुत्ते को रोटी खिलाना, पालना और उसकी सेवा करने से लाभ होगा।
14. मकान के अंत में अंधेरी कोठी शुभ होगी।
15. मछलियों को दाना या चावल डालना लाभकारी होता है।
16. चावल या बादाम बहते पानी में डालने से लाभ होगा।
17. शराब, मांस और अंडे से सख्त परहेज करें।
18. मशीनरी और शनि संबंधित अन्य वस्तुओं से लाभ होगा।
19. प्रतिदिन कौओ को रोटी खिलाएं।
20. दांत, नाक और कान सदैव साफ रखें।
21. अंधे, दिव्यांग, सेवकों और सफाईकर्मियों से अच्छा व्यवहार करें।
22. छाया पात्र दान करें यानि एक कटोरी या अन्य पात्र में सरसों का तेल लेकर अपना चेहरा देखकर शनि मंदिर में अपने पापों की क्षमा मांगते हुए रख आएं।
23. भूरे रंग की भैंस रखना लाभकारी होगी।
24. मजदूर, भैंस और मछली की सेवा से लाभ होगा।

नौकरी \व्यापार में अगर परेशानी है तो करें ये उपाय-

ॐ शं शनिश्चराये नमः मंत्र का शाम को सूर्यास्त के बाद 3 माला रुद्राक्ष की माला से जाप करें ऐसा लगातार 40 दिन तक करें ।

यदि बीमार रहते हैं और दवा काम नहीं करती है तो करें ये उपाय-

1. शनिवार के दिन सूर्य उदय होने से पहले उठे नहा धोकर साफ कपड़े पहने-
2. पीपल के पेड़ के नीचे तिल के तेल का दीया जरूर जलायें।
3. बीमार लोगों को दवा वस्त्र भोजन का दान करें। रोजाना एक अच्छा काम करने की आदत डाले।

शनि के दुष्प्रभाव से होने वाली बीमारियां और उपाय :

1. आँखों का कमज़ोर होना ।
2. बालों का असमय पकना या गिरना ।
3. जोड़ों व नसों में दर्द रहना।
4. अचानक पेट की समस्या ।
5. चलने फिरने में परेशानी ।
6. यदि शनि बेहद खराब हो तो नासूर या जख्म का बनना, अधिक फोड़े फुंसी होना।

उपाय -ऐसे में दस साबुत बादाम और एक नारियल पूजा वाला लेकर 43 दिन लगातार बहते जल में प्रवाहित करें या गरीबों में दान दें।

शनिदेव के 10 नाम बनाएंगे बिगड़े काम-

1. कोणस्थ - पिंगल- बभ्रु- कृष्ण- रौद्रान्तक- अंतक- शौरी- शनेश्चर- यम- पिप्पलाद ।शनि देव के इन 10 नामों को सूर्य उदय होने से पहले पढ़ें । काले या नीले आसन पर बैठकर तिल के तेल का दिया जलाएं । पश्चिम दिशा की तरफ मुंह करें- अब लगातार 11 बार इन नामों का पाठ करें ऐसा सुबह और शाम लगातार 27 दिन करें-अपनी समस्या के लिए शनिदेव से प्रार्थना करें।

16

शनि संबंधी वस्तुएँ

रत्न

नीलम देवी, नीलम नीलिमा, नीलमणि, जामुनिया, नीला कटेला, आदि शनि के रत्न और उपरत्न हैं। अच्छा रत्न शनिवार को पुष्य नक्षत्र में धारण करना चाहिये.इन रत्नों मे किसी भी रत्न को धारण करते ही चालीस प्रतिशत तक फ़ायदा मिल जाता है।

शनि की जुड़ी बूटियां

बिच्छू बूटी की जड़ या शमी जिसे छोंकरा भी कहते है की जड़ शनिवार को पुष्य नक्षत्र में काले धागे में पुरुष और स्त्री दोनो ही दाहिने हाथ की भुजा में बांधने से शनि के कुप्रभावों में कमी आना शुरु हो जाता है।

शनि सम्बन्धी व्यापार और नौकरी

काले रंग की वस्तुयें, लोहा, ऊन, तेल, गैस, कोयला, कार्बन से बनी वस्तुयें, चमडा, मशीनों के पाट्‌र्स, पेट्रोल, पत्थर, तिल और रंग का व्यापार शनि से जुडे जातकों को फ़ायदा देने वाला होता है। चपरासी की नौकरी, ड्राइवर, समाज कल्याण की नौकरी नगर पालिका वाले काम, जज, वकील, राजदूत आदि वाले पद शनि की नौकरी मे आते हैं।

शनि सम्बन्धी दान पुण्य

पुष्य, अनुराधा, और उत्तराभाद्रपद नक्षत्रों के समय में शनि पीडा के निमित्त स्वयं के वजन के बराबर के चने, काले कपडे, जामुन के फ़ल, काले उड़द, काली गाय, गोमेध, काले जूते, तिल, भैंस, लोहा, तेल, नीलम, कुलथी, काले फ़ूल, कस्तूरी सोना आदि दान की वस्तुओं शनि के निमित्त दान की जाती हैं।

शनि सम्बन्धी वस्तुओं की दानोपचार विधि

जो जातक शनि से सम्बन्धित दान करना चाहता हो वह उपरोक्त लिखे नक्षत्रों को भली भांति देख कर, और समझ कर अथवा किसी समझदार ज्योतिषी से पूंछ कर ही दान को करे । शनि वाले नक्षत्र के दिन किसी योग्य ब्राहमण को अपने घर पर बुलाये.चरण पखारकर आसन दे, और सुरुचि पूर्ण भोजन करावे, और भोजन के बाद जैसी भी श्रद्धा हो दक्षिणा दे.फ़िर ब्राहमण के दाहिने हाथ में मौली (कलावा) बांधे, तिलक लगावे ।जिसे दान देना है, वह अपने हाथ में दान देने वाली वस्तुयें लेवे, जैसे अनाज का दान करना है, तो कुछ दाने उस अनाज के हाथ में लेकर कुछ चावल, फ़ूल, मुद्रा लेकर ब्राहमण से संकल्प पढावे, और कहे कि शनि ग्रह की पीडा के निवार्णार्थ ग्रह कृपा पूर्ण रूपेण प्राप्तयर्थम अहम तुला दानम ब्राहमण का नाम ले और गोत्र का नाम बुलवाये, अनाज या दान सामग्री के ऊपर अपना हाथ तीन बार घुमाकर अथवा अपने ऊपर तीन बार घुमाकर ब्राहमण का हाथ दान सामग्री के ऊपर रखवाकर ब्राहमण के हाथ में समस्त सामग्री छोड देनी चाहिये.इसके बाद ब्राहमण को दक्षिणा सादर विदा करे.जब ग्रह चारों तरफ़ से जातक को घेर ले, कोई उपाय न सूझे, कोई मदद करने के लिये सामने न आये, मंत्र जाप करने की इच्छायें भी समाप्त हो गयीं हों, तो उस समय दान करने से राहत मिलनी आरम्भ हो जाती है। सबसे बडा लाभ यह होता है, कि जातक के अन्दर भगवान भक्ति की भावना का उदय होना चालू हो जाता है और वह मंत्र आदि का जाप चालू कर देता है। जो भी ग्रह प्रतिकूल होते हैं वे अनुकूल होने लगते हैं। जातक की स्थिति में सुधार चालू हो जाता है। और फ़िर से नया जीवन जीने की चाहत पनपने लगती है। और जो शक्तियां चली गयीं होती हैं वे वापस आकर सहायता करने लगती है।

17

शनि देव को प्रसन्न रखने के उपाय

याद रखें भगवान् शनिदेव कर्म को ही प्रधानता देते हैं। वे आपको अच्छे और बुरे कर्मों के अनुसार ही फल देते हैं। भगवान् शनिदेव न्याय के देवता हैं। यह भी याद रखें ज्योतिष में कोई भी उपाय तभी फल देता है जब आप फल के अनुरूप कार्य भी कर रहे हैं। उदहारण के लिए यदि कोई व्यक्ति परीक्षा में श्रेष्ठ अंकों की अभिलाषा से मात्रा उपाय ही करता रहे किन्तु पढाई न करे तो वो कभी सफल नहीं हो सकता। अर्थात कर्म करने के पश्चात भी यदि कोई समस्या आपको आगे नहीं बढ़ने दे रही तो ज्योतिष शास्त्र आपकी सहायता अवश्य कर सकता है किन्तु कर्महीन व्यक्ति की सहायता तो स्वयं ईश्वर भी नहीं करते। कहा भी गया है -

"सकल पदार्थ हैं जग माहीं, कर्महीन नर पावत नाहीं। "

अर्थात- संसार में ईश्वर ने आपको सब कुछ प्रदान किया है किन्तु यदि आप कर्महीन हैं तो कुछ भी प्राप्त नहीं कर सकते।

यदि आपकी कुंडली में शनिदेव शुभ भी हैं किन्तु आप के कर्म निकृष्ट हैं तो शनिदेव आपको शुभ प्रभाव नहीं देंगे। ये सदैव याद रखें। तथैव हमने शनिदेव को सदैव प्रसन्न रखने के कुछ सरल उपाय नीचे बताएं हैं कृपया इन्हे ध्यानपूर्वक पढ़ें तथा इनका पालन करें -

शनि देव को प्रसन्न रखने के उपाय:

1. अपने घर की पश्चिम दिशा को हमेशा साफ़ रखें ।
2. अपने घर की पश्चिम दिशा में पानी का टैंक न बनाएं।

3. यदि आप का मुख्य द्वार पश्चिम दिशा का है और उसके आसपास आप गंदगी रखते हैं तो शनिदेव नाराज़ होते हैं।
4. असहाय लोगों का आप मजाक न उड़ाएं
5. घर के नौकर /नौकरानी का वेतन सदैव समय पर दें।
6. असहायों व गरीबों की मदद करें।
7. आलस्य न करें। आप जितना आलस्य करेंगे शनि उतना ही खराब प्रभाव देंगे। अतैव शनि को प्रसन्न रखना हो तो कर्मवादी बनें। याद रखें भगवान् कृष्ण ने भी गीता में कर्म का ही महत्व बताया है और ज्योतिष में भी कर्म की ही प्रधानता है।
8. किसी को भी शब्द से या अपने कर्मों से दुःख न पहुचाएं ।
9. रात्रि को समय पर सोएं तथा प्रातः समय पर जागें।
10. शरीर तथा मन की शुद्धता अत्यंत आवश्यक है।
11. स्वयं पर विश्वास रखें तथा दूसरों पर निर्भर न रहे। अपने स्वाभिमान और पुरुषार्थ पर ही भरोसा रखें।
12. जो लोग हमेशा दूसरों से अर्थात अपने भाइयों से, अपने ससुराल से, अपने माता-पिता से सहायता की उम्मीद लगाए रखते हैं या मदद मांगते रहते हैं उनसे शनिदेव अवश्य रुष्ट हो जाते हैं तथा कभी कृपा नहीं करते। यदि आप यह आशा करते हैं कि आपके माता-पिता, आपके ससुराल वाले या आपके रिश्तेदार संपन्न हैं और उन्हें आपकी सहायता करते रहनी चाहिए और आप हमेशा उनसे सहायता मांगते रहते हैं, इस बात पर उनसे झगड़ा करते हैं या नाराज़ रहते हैं तो इससे आपका शनि ख़राब होता है और आपको शनि का प्रकोप झेलना पड़ता है। अतैव दूसरों पर आश्रित न रह कर स्वयं के कर्म और पुरुषार्थ पर विश्वास रखें।
13. दिखावा न करें। ढोंग न करें। पूजा पाठ दिखावे के लिए नहीं बल्कि श्रद्धा से और पूर्ण समर्पण से करें।
14. चुस्त और चालाक रहें - विदुर और चाणक्य की तरह बनें किन्तु धोखा, छल या आडम्बर न करें ।
15. कभी किसी दूसरे का पैसा न हड़पें।
16. शनिवार को कभी नमक न खरीदें।
17. घर का निर्माण अर्थात नीव खोदने की शुरुआत शनिवार के दिन न करें।
18. नींव कभी भी सूर्यास्त के बाद न खुदवाएं।

19. शनिवार और मंगलवार को नाखून न काटें, बाल न कटवाएं, मांस मदिरा, अंडे इत्यादि का सेवन भी न करें।
20. कोई भी पुरुष अपने ससुराल कभी शनिवार को न जाए।
21. काले कपडे, काली मिर्च, बैंगन, उड़द, लोहे का सामान शनिवार को लेने से बचें।

18

श्री शनि यंत्रम

शनि यंत्र को सिद्‌ध करके घर में स्थापित करने से हर प्रकार का शनि दोष दूर होने लगता है और साथ ही शनि देव की कृपा भी प्राप्त होने लगती है | कुम्भ और मकर राशी के स्वामी गृह शनि देव है और वे अपनी राशी में थोड़े कमजोर होते है इसलिए कुम्भ और मकर राशी के जातकों को सिद्‌ध शनि यंत्र घर में स्थापित कर

उसकी पूजा अवश्य करनी चाहिए | जिस जातक की कुंडली में लग्न में शनि है उन्हें भी शनि यंत्र द्वारा शनि आराधना करनी चाहिए | जो जातक शनि की साढ़े साती और ढईया से परेशान है उन्हें भी सिद्ध शनि यंत्र द्वारा लाभ अवश्य प्राप्त होता है | इन सबके अतिरिक्त जीवन में जब हर तरफ से दुःख और पीडाएं आने लगे तो ऐसे में शनि आराधना करने से लाभ अवश्य मिलता है |

शनि यंत्र को सिद्ध करने की विधि : –

1. शनिवार के दिन सुबह-सुबह पूर्व दिशा की तरफ एक चौकी की स्थापना करें ।
2. इस पर लाल रंग का कपडा बिछा दे । अब इस चौकी पर शनि यंत्र को स्थापित करें ।
3. यंत्र पर हल्के गंगाजल से छींटे लगाये । चौकी के आगे एक घी का दीपक जलाये और इस मंत्र के 5000 ज़प करें :- " ॐ प्रां प्रीं प्रौं स शनैश्चराय नमः " ।
4. इस प्रकार पांच हज़ार मंत्र जप के पश्चात् अगले दिन हवन करें व शनि देव के उपरोक्त मंत्र की 500 आहुतियाँ दे । ऐसा करने के पश्चात् अंत में शनि यंत्र को हवन के उपर से 21 बार वार (घुमा) ले और हवन की भस्म द्वारा तिलक करें । इस प्रकार आप शनि यंत्र को सिद्ध कर सकते है | इस सिद्ध शनि यंत्र को अपने पूजा स्थल में रखे व नियमित रूप से इसकी पूजा करें ।

Printed by Libri Plureos GmbH in Hamburg,
Germany